KB194106

관용에 관한 편지

A Letter Concerning Toleration

관용에 관한 편지

존 로크 지음 • 최유신 옮김

철학과현실사

서 문

    우리는 오늘날을 다원주의 시대라고 말한다. 얼마 전까지만 하더라도 사람들은 자기가 살아온 지역, 크게는 자기의 나라 안에서 자신들이 전통적으로 고유하게 가지고 있던 문화나 종교에 자족하며 살아왔다. 그러나 오늘날 교통과 통신이 발달함에 따라 서로 다른 문화와 종교가 만나게 되고 이것은 필시 서로 간의 갈등을 야기하며 지역에 따라서는 분쟁과 전쟁을 일으키고 있다. 특히 구소련 체제의 붕괴와 더불어 냉전 이데올로기 구조가 무너지고 민족주의가 국가 존속의 중심축이 되면서 국가 간의 분쟁을 부추기고 있다. 그런데 이러한 민족주의적 분쟁이 민족의 종교와 결부되어 있을 경우에는 그 해결은 더욱더 어려운 문제가 된다. 그리고 실제로 대부분의 경우에 그것이 현실이다. 이처럼 다원주의 시대는 이질적 문화와 종교가 공존할 것을 이상으로 원할지라도 오히려 현실에서는 갈등과 분쟁을 일으킬 소지와 위험은 어느 때보다도 더 크다고 볼 수 있다.

그러나 종교 간의 주도권 싸움은 결국 서로의 파멸만 가져올 뿐이라는 것을 우리는 역사 속에서 너무도 깊이 체험했다. 내가 가진 종교에 절대적 가치를 둔다 할지라도 타종교의 존재를 동시에 인정할 수 있는 관용의 정신이 아니고서는 결국 이러한 분쟁을 해결할 수 없다는 것을 깊이 인식할 때 다원주의 시대는 존속이 가능하다고 본다. 따라서 다원주의 시대에 사는 시민의 가장 기본적인 덕목을 우리는 관용에서 찾을 수 있을 것이다.

관용은 동양에서도 중요한 덕목으로서 유지되어온 것이 사실이다. 그러나 관용에 대한 체계적 연구와 그것이 개인적 덕목으로서만이 아니라 국가의 하나의 정책으로 이론화되고 실천된 것은 서구에서 이루어졌다. 그것은 서구의 중세가 무너지면서 처절한 전쟁을 거치는 가운데 비싼 값을 지불하고 얻은 교훈 덕분이었다. 이러한 관용, 특히 종교적 관용은 16세기 후반부터 130년 동안의 종교 전쟁을 거친 유럽에서 개인의 덕목으로서의 관용뿐 아니라 국가의 통치자들이 국가를 다스리는 데 필수 의무로 떠오르게 되었다.

피비린내 나는 종교 주도권 싸움에서는 누구도 영원한 승리자가 될 수 없었다. 정신적으로나 물질적으로나 모두 황폐화되었다. 그들이 생존할 수 있는 길은 오로지 서로의 존재를 인정하는 길밖에 없다는 것을 깨닫게 되었다. 즉, 관용만이 해결책임을 깨닫게 되었다. 이때부터 관용은 자유주의를 형성하는 한 축으로서 중요한 이념이 되어왔다. 그러므로 자유주의 사상을 최초로 체계화한 로크에게 관용의 문제는 가장 핵심적인 주제가 될 수밖에 없었다.

베른스(Walter Berns)가 말했듯이 '종교적 문제'에서 로크 식 해결이 자유주의 전통에서 중심이 된다는 것은 부인할 수 없는 사실이다.[1] 갤스톤(Galston)이 썼던 대로 자유주의적 관용론의 고전은 바로 로크의 『관용에 관한 편지(*A Letter concerning Toleration*)』라고 이야기할 수 있다.[2] 로크의 이 『관용에 관한 편지』야말로 밀톤(Milton)의 『아레오파기티카(*Areopagitica*)』와 밀(J. S. Mill)의 『자유론(*On Liberty*)』과 함께 관용의 사상사에서 영어로 된 세 개의 정경에 해당한다고 볼 수 있는 책이다. 로크의 관용론의 체계와 성격 그리고 세부 내용 등 한마디로 그의 관용론을 한눈에 조망해볼 수 있는 전거는 바로 『관용에 관한 편지』다. 후대의 철학과 사상 전반에 걸친 막대한 영향은 고려하지 않더라도 관용의 문제에 관한 한 로크로부터 받은 대부분의 영향이 그의 『관용에 관한 편지』를 통해서 이루어진 것들이라 할 수 있다.

---

1) Walter Berns, *The First Amendment and the Future of American Democracy* (New York : Basic Books, 1976), 15-30쪽 참조.
2) William A. Galston, "Public Morality and Religion in the Liberal State", in *American Public Science Review* 92 (1986), 808쪽.

『관용에 관한 편지』는 라틴어로 쓴 *Epistola de Tolerantia*의 번역본이다. 이 라틴어 원본은 로크가 1685년 겨울에 그의 가까운 친구인 네덜란드의 레몬스트란트파 신학자인 림볼취(Philip von Limborch)에게 편지 형식으로 쓴 글이다.[3] 그때는 그가 네덜란드의 암스테르담(Amsterdam)에서 정치적 망명 생활을 하던 때였다. 그는 1679~1683년에 영국에서 종교적 관용을 위한 혁명적인 활동에 참여한 혐의로 인한 박해와 본국 소환령을 피하기 위해 가명으로 빈 박사(Dr. Egbert Veen)의 집에서 지하 생활을 했다. 로크가 1689년 2월에 메리 여왕(Queen Mary)이 된 오렌지 공주를 호위하고 영국으로 귀국한 후인 그해 5월에, 림볼취는 네덜란드의 고우다(Gouda)에서 로크에게 알리지 않고 익명으로 *Epistola de Tolerantia*를 출판했다. 같은 해 10월에 급진적 휘그(Whig)당원이자 비국교도인 윌리엄 포플(William Popple)은 이것을 영어로 번역하면서 서문을 써서 덧붙인 후에 로크에게 출판할 것을 알리고, 같은 휘그당원 출판업자인 처칠(Awnsham Churchill)에게 익명으로 출판하게 했다. 두 번째 수정판은 1690년 3월에 나왔다. 이 편지의 문체와 체계의 뛰어난 명료성과, 반관용과 종교적 일치를 주장하는 사람들의 입장을 설명하는 뛰어난 문학적인 방식, 그리고 윌리엄 포플의 훌륭한 번역, 이러한 것 모두가 이 편지를 로크의 작품

---

3) S. P. Lamprecht는 그의 책 *Moral and Political Philosophy of John Locke*, 152쪽에서 "로크는 선임 철학자들과는 달리 그의 거의 대부분의 글을 모국어인 영어로 썼으나, 이 편지는 수신자가 영어를 모르기 때문에 라틴어로 작성했다"고 주를 달고 있다.

들 중에서 가장 읽기 쉬운 작품 중의 하나로 만들고 있다.

그러나 그것은 매우 유식한 친구를 위해서 쓰였을 뿐 아니라 로크의 작품들 중에서 그가 가장 많은 시간을 들여 몰두했던 작품들 중의 하나다. 즉, 그가 30년 동안 적극적으로 관여했던 종교적 정치적 투쟁에 관한 숙고와 판단의 결과다.4) 로크의 사회 철학 문제 중 영국 국교에서 분리한 비국교도들에 대한 관용의 문제, 따라서 교회와 국가 간의 적절한 관계에 대한 문제만큼 로크가 일생에 걸쳐서 많은 시간과 생각을 몰두한 문제는 없다.5) 그의 정치 이론과 같은 원리에 근거한 이 관용론도 당시 격렬하게 논의되던 시사 문제에 대한 로크의 오랜 시간에 걸친 독서와 숙고의 열매였다고 볼 수 있다.6) 사실상 『관용에 관한 편지』는 로크의 주요한 정치적 철학적 작품들이 모두 끝마쳐졌거나 마쳐가는 도중에 쓰인 것이다. 1671년에 로크는 『인간오성론(*An Essay concerning Human Understanding*)』의 초안을 이미 마쳤고 1686년에는 그것의 핵심적 내용은 다 마쳐놓은 상태였다. 마찬가지로 그는 1682년에 『두 정부론(*Two Treatises of Government*)』을 마쳤고 1684년말에 『교육론(*Some Thoughts concerning Education*)』의 각 절들을 써놓

---

4) James H. Tully, *A Letter Concerning Toleration edited James H. Tully*, 서문, (Indianapolis 1983) 2쪽.

5) S. P. Lamprecht, *Moral and Political Philosophy of John Locke* (New York : Columbia Uni. Press, 1918), 152쪽.

6) J. W. Gough, 'The Development of Locke's Belief in Toleration', in *J. Locke A Letter Concerning Toleration in focus* (London and New York : Routledge, 1991). 57쪽(이하 Letter in focus).

았으며, 단지 『기독교 교리의 합리성(*The Reasonableness of Christianity as Delivered in the Scriptures*)』만을 쓰지 않은 상태였다. 한마디로 얘기해서 로크가 『관용에 관한 편지』를 쓰려고 했을 때는 이미 그의 심리학, 인식론, 정치 이론 그리고 교육론에 관한 사상이 거의 완성을 이룬 때라고 볼 수 있다. 이러한 요소들 때문에 『관용에 관한 편지』는 처음 눈에 들어오는 것보다 훨씬 세련되고 분석적인 그의 사상이 내재한다고 볼 수 있다. 『관용에 관한 편지』는 많은 반응을 불러일으켰고 그 결과 성공회 성직자이며 옥스퍼드(Oxford)의 교목인 조나스 프로스트(Jonas Proast)와의 논쟁이 시작, 로크가 죽을 때까지 14년간이나 계속 되었으며 이 논쟁으로 해서 그는 네 번째 편지까지 무려 500여 쪽에 해당하는 글을 더 쓰게 된다. 그러나 로크의 관용에 대한 핵심적 사상은 모두 첫 번째 편지에 담겨 있고 나머지 편지들은 첫 번째 편지에 나온 내용을 거의 반복한 것으로 볼 수 있다.

우리는 『관용에 관한 편지』를 읽어나갈 때 무엇보다도 먼저 그것이 매우 논쟁적인 톤으로 이론을 전개시켜나간다는 인상을 강하게 받는데, 이러한 『관용에 관한 편지』의 구조는 대략 다음의 다섯 부분으로 나누어볼 수 있다. 첫 번째 부분으로서 간략한 서론, 두 번째로 교회와 국가의 분리에 관한 부분, 세 번째로 가운데 부분을 차지하면서 가장 긴 부분으로서 여기에서 로크는 교회, 개인들, 성직자들, 통치자들에게 요구되는 관용의 의무에 대해 논한다. 네 번째로 간략한 결론, 마지막 다섯 번째로 이단과 분파주의에 대해서 간략하게 다룬다.

　이 책은『관용에 관한 편지』의 이해를 돕기 위해서 제1장에서 로크의 생애를 소개하고 제2장에서 로크의 관용론이 나오기까지의 종교적 관용론의 역사적 배경과 동시에 로크 관용론이 지닌 특징을 알아볼 것이다. 그리고『관용에 관한 편지』번역문 뒤에 제3장으로서『관용에 관한 편지』를 주제별로 나누어 분석한 논문을 첨부했다. 이 논문은 역자의 박사 학위 논문 중 일부다.

2009년 4월

최　유　신

차 례

서 문

제1장
존 로크의 생애

1. 존 로크의 타임 라인(Time Line)

1632(8.29) 탄생.

1642   영국 시민전쟁 발발

1647   웨스트민스터학교(Westminster School) 입학.

1649(1.30) 찰스 1세가 처형되고 상원(House of Lords)이 폐지, 영국이 공화국(Commonwealth)으로 선언.

1652 옥스퍼드(Oxford)의 크라이스트 처치대학(Christ Church College)에 입학. 이때부터 1667년까지 15년간 주로 옥스퍼드에 체류.

1656 학사 학위(Bachelor of Arts.) 수여.

1658 석사 학위(Master of Arts) 수여.

1660 화학자인 보일(Robert Boyle)을 만나 30년 동안 친구 사이로 서신 교환. 시민통치자(Civil Magistrate)에 관한 최초의 논문을 씀.

1660 찰스 2세가 영국으로 귀환하여 왕위 회복.

1661 부친 작고.

1664 크라이스처치대학의 도덕철학 학생감(Censor)이 됨. 『자연법에 관한 에세이(*Essays on the Law of Nature*)』를 씀.

1665(11)~1666(2) 부란덴버그(Brandenburg) 선거위원인 헨리 베인 경(Sir Henry Vane)의 외교수행원으로 클레베스(Cleves) 방문.

1665 데카르트를 읽고 스콜라주의에 대한 다섯 가지 실행 가능한 대안 발견.

1666 나중에 샤프츠베리(Shaftesbury)의 최초 백작인 애쉴리 경(Anthony Ashley Cooper)을 만남. 성직을 갖지 않고서도 계속 장학금 유지할 수 있는 시혜를 수여.

1667 시던햄(Thomas Sydenham)과 의학적 연구 시작.

1667 애쉴리 경의 주치의로서 런던에 있는 애쉴리 집에서 생활. 이때부터 43세가 되는 1675년까지 주로 런던에서 체류.『관용에 관한 에세이(*an Essay concerning Toleration*)』를 씀.

1668   애쉴리 경의 간 낭종 제거 수술 감독. 놀랍게도 이 수
        술의 성공으로 애쉴리 경은 15년을 더 살게 됨. 로크
        는 왕립학회 회원으로 선정.

1670   샤프츠베리 감독 아래 캐롤리나 기본 헌법(Fundamental
        Constitution of Carolina of Carolina)을 씀.

1671   39세가 되던 이 해에 『인간 오성에 관한 에세이(*An Essay
        Concerning Human Understanding*)』 초안 작성. 1675년
        까지 캐롤리나 식민지 영주의 비서를 지냈던 것으로
        보임.

1671   샤프츠베리 경을 비롯 많은 사람들과 함께 왕립 아프
        리카회사(Royal Africa Company)의 주식 매입. 영국
        의 노예 무역을 위해 왕이 직접 세운 회사로, 로크는
        1675년에 이 주식들을 팔아서 이익을 남김.

1672(10~11)   파리 방문.

1675   43세가 되던 해에 의학 학사(Bachelor of Medicine)
        학위 수여. 11월 12일에 프랑스로 떠나 1678년까지 체류.

1678   오우츠(Titus Oates)가 고소하기를 찰스 2세를 죽이
        고 가톨릭 교인인 동생 제임스(James)를 왕위에 앉히
        려 한다는 교황의 음모가 있다고 함.

1679   샤프츠베리가 왕의 자문위원회 대표가 됨. 이때 로크
        는 영국으로 돌아옴. 가톨릭 교인인 요크의 백작을 왕
        위에서 배제하는 법원이 하원 통과하나 10월에 국회
        가 정회되면서 상원을 통과하지 못하고 샤프츠베리는

자문위회 대표에서 해임.

1681   샤프츠베리 경이 대역죄로 재판을 받으나 나중에 무죄로 석방.

1682   케임브리지 플라톤주의자 랠프 커즈워드(Ralph Cudworth)의 딸 다마리스 커즈워드(Damaris Cudworth)를 만남.

1682(11. 28)   샤프츠베리가 네덜란드로 망명, 1683년 1월 21일에 죽음.

1683(9)찰스 2세를 암살하려는 라이 하우스 음모(The Rye House Plot)가 발각. 로크는 네덜란드로 도망. 휘그당의 지도자 에섹스와 러셀, 시드니 체포.

1684   왕의 명령으로 옥스퍼드 크라이스처치대학에서 받던 장학금을 못 받게 됨.

1685   찰스 2세 사망, 가톨릭교인 요크 백작이 제임스 2세로 왕위 계승.

1685   몬마우스 경(Lord Monmouth. 찰스 2세의 서자 중 한 명)의 반란. 몬마우스는 네덜란드에서 영국으로 침공, 아질레(Argyle)는 스코틀랜드에서 반란을 일으키나 모두 진압당함.

1688   비블리오테크 유니버셀레(Bibliotheque Universelle)가 50쪽에 이르는 로크의 『인간오성론』 요약본을 출판.

1688   오렌지가의 윌리엄(William of Orange)이 영국을 침공하고 명예혁명(Glorious Revolution)을 성취. 제임스 2세는 프랑스로 도주.

1689(2) 로크는 나중에 메리 여왕(Queen Mary)이 된 오렌지 공주를 호위하고 영국으로 귀국, 뉴턴 경을 만나 친구 가 됨.

1689 라틴어판 『관용에 관한 편지(*Epistolia de Tolerentia*)』가 출판되고, 포플(William Popple)에 의해 영어판 『관용 에 관한 편지(*A Letter Concerning Toleration*)』로 번역.

1689(12) 『인간오성론(*An Essay Concerning Human Under-standing*)』 출판.

1690 『두 시민정부론(*Two Treatises of Civil Government*)』 출판.

1690 프로스트(Jonas Proast)가 로크의 『관용에 관한 편지』 에 대한 반박한 글(Argument of the 'Letter of Toleration' Briefly Considered and Answered)을 출판.

1691 로크는 프랜시스 경(Sir Francis)과 마샴 부인(Lady Masham)의 거주지 오우츠(Oates)를 자신의 영원한 집으로 삼음.

1693 『교육론(*Some Thoughts Concerning Education*)』을 출판.

1694 『인간오성론』 2판 출판.

1695 『기독교의 합리성(*The Reasonableness of Christianity As Delivered in the Scriptures*)』을 익명으로 출판.

1695 『기독교의 합리성에 대한 변호(*A Vindication of the*

Reasonableness of Christianity)』에서 『기독교의 합
리성』에 대한 비판에 답함.

1696 무역위원회(Board of Trade)가 세워지고 로크가 그
일을 맡음. 이 위원회는 식민 정부를 감독하는 것을
포함해서 여러 가지 의무를 맡음. 로크는 건강이 좋지
않았지만 1700년까지 이 일을 계속 하였으며, 이 위원
회에서 가장 영향력 있는 위원이었음.

1697 『두 번째 기독교 합리성에 대한 변호(A second Vindication
of the Reasonableness of Christianity)』를 출판.

1697~1699 로크는 월체스터의 주교(Bishop of Worcester),
스틸링플리트(Edward Stillingfleet)와 광범위한 논쟁
을 벌임.

1700 1704년에 72세로 죽을 때까지 오우츠(Oates)에서 체류.

2. 생 애

근대 사상가 존 로크는 홉스(Hobbes)와 데카르트(Descartes),
라이프니츠(Leibniz) 등의 철학자들과 갈릴레오(Galileo), 하비
(Harvey), 보일(Boyle), 뉴턴(Newton) 등의 과학자들과 거의
동시대의 삶을 살았다.

로크는 찰스 1세가 통치하던 1632년 8월 29일에 브리스톨
(Bristol)에서 약 12마일 떨어진 서머셋(Somerset)의 라잉턴

(Wrington)에서 태어났다. 그는 태어난 날에 곧 세례를 받았다. 태어난 지 얼마 되지 않아 가족들은 브리스톨에서 남쪽으로 7마일 정도 떨어진 펜스포드(Pensford)라는 시장 도시로 이사를 간다. 로크는 그곳에서 부모로부터 청교도 식의 엄한 교육을 받은 것으로 전해진다. 그가 태어난 지방은 방목 지대였으며 일찍이 모직 공업이 발달한 곳이었다. 로크 집안의 가업 또한 모직물업이었지만 로크의 부친은 ― 그의 이름도 역시 존 로크였다 ― 가업을 잇지 않고 변호사가 되었다. 그는 찰스 1세의 왕당파에 반대하는 완고한 의회주의자였으며, 로크가 열 살이 되던 1642년 청교도 혁명 기간 동안 의회군으로 혁명에 참여하기도 한다. 로크의 어머니 키네(Agnes Keene)는 제혁업자의 딸로 미모를 갖추었으며 경건하고 인정이 많았다고 한다.

로크는 열다섯 살이 되던 1647년, 청교도 혁명 전 아버지의 사령관이자 당시 국회의원이었던 파팸(Alexander Papham)의 후원으로 런던의 유서 깊은 명문 기숙학교인 웨스트민스터학교(Westminster School)에 입학하게 된다. 그는 이 학교에서 받은 교육으로 말미암아 훗날 뛰어난 철학자가 될 수 있는 학문적 기초를 닦는다.

스무 살이 되던 1652년, 로크는 옥스퍼드대에서 가장 비중 있고 중세적 분위기가 풍기는 크라이스트 처치 대학(Christ Church College)에 입학한다. 로크는 이때부터 1667년 애쉴리(Anthony Ashley Cooper) 경의 집으로 이전할 때까지 주로 이곳에서 머물게 된다. 당시의 학장은 옥스퍼드대 부총장이기도 한 오우엔(John Owen)이었다. 그는 독립 교회의 지도자로서 종교적 관용을 지지하는 사람이었고 그의 관용 사상은 로크에게 어느 정도 영향을 주었다.

로크는 여기에서 논리학·문법·수사학·기하학·그리스어·도덕 철학, 더 나아가 역사와 히브리어까지 폭넓게 공부하였고, 1656년 그의 나이 24세가 되던 해에 학사 학위를 받고 2년 뒤인 1658년에는 석사 학위를 받았으며, 대부분의 학생들이 가야 할 길인 성직자의 길을 가지 않고 선임 연구원으로 선출된다. 그리고 왕정복고가 있었던 1660년, 28세가 되던 해에 옥스퍼드의 크라이스트 처치에서 튜터로 5년간 활동한 후 4개월간 정부 특사로 독일을 방문하기도 한다. 그러나 대학에서의 교직 활동은 오래가지 못한다. 이때의 그는 훗날 관용과 저항권 같은 자유주의 사상으로 이름을 남기게 되는 것과는 달리 국가의 권위를 우선하는 권위주의자였다고 한다. 그러나 그는 곧 스콜라철학이 지배하던 옥스퍼드에서의 생활에 염증을 느끼기 시작하면서, 데카르트와 같은 근대 철학자들의 작품들에 대해 흥미를 느낀다. 그리고 웨스트민스트학교 때부터 알던 그의 친구 로우어(Richard Lower)를 통해 다른 대학이나 영국왕립학회에서 추구하던 의학과 경험 철학을 접하게 된다. 로크가 특히 의학에 관심을 갖고 공부하게 된 동기는 당시 사회적으로 당면한 문제 때문이었다고 볼 수 있다. 당시 런던은 그의 말대로 표현한다면 병든 거리였다. 인구의 증가로 인해 매연과 오물 쓰레기 처리 문제가 생겼지만 제대로 처리하지 못해 매우 불결했으며, 1655년에는 페스트가 온 나라에 전염되기도 했다. 이렇게 전염병으로 많은 인명이 희생되는 것을 본 로크는 인간 생활에서 무엇보다 중요한 것은 건강임을 확인하고 건강한 생활을 위한 의학 지식의 필요성을 깨달은 것이다. 그래서 그는 나중에 런던에서 저명한 의사인 시던햄(Thomas Sydenham) 등과 교분을 맺는 등 의학 공부에 매진했으며,—그의 의학 공부에 대한 열정 때문에 그는 나중에 늦게 43세가 되던 1675년에 의학 학사를 획득해서 개업의가 된다—그의 경험론 철학에 결정적인 영향을 준 보일(Robert Boyle), 윌리스(Thomas Willis), 후크(Robert Hooke), 로우어(Richard Lower) 같은 당대의 유명한 과학자들이나 사상가들과 정기적으로 만나 토론을 하기도 했다. 그가 자유주의 사상가로 알려지게 되었을 뿐 아니라 강단에 서지 않고 그 당시 영국의 정치가 소용돌이치는 한가운데에 서서 나름대로의 역할을 하게 된 것은 첫 번째로 옥스퍼드에서의 이러한 특별한 만남 때문이었고, 두 번째로 애쉴리 경과의 만남 때문이었다.

즉, 첫 번째 만남은 새로운 철학과 과학 이론을 통해서 이루어진다. 이 새로운 이론들은 지나치게 혁신적이어서 기존의 강단에서는 교과목으로 가르치지 않았다. 데카르트의 방법적 회의주의는 그를 사로잡았지만, 이보다 더 영향력을 발휘한 철학은 가상디(Pierre Gassendi)의 에피쿠로스적인 원자론과 쾌락주의였다. 이러한 철학들의 영향을 받아서 로크는 실험적 자연과학에 관심을 갖게 되었고, 이 당시에 대학에서 유일하게 허락된 자연과학인 의학에 몰두하였다. 1650년대에 옥스퍼드에서 자연 일반의 경험론적 연구와 인간 육체의 경험론적 연구를 옹호하면서 실험적 자연과학을 연구하던 모임은 왕권주의가 회복된 후 찰스 2세의 인준을 받아 왕립학회가 되었다. 이 학회의 지도적인 창설자였던 보일과의 만남으로 인해 로크는 자신의 인식론에 기초적 가설인 미립자 이론을 알게 된다.

로크가 34세가 되던 1666년 여름, 로크는 또 다른 의학도인 데이비드 토마스(David Thomas)를 통해 나중에 샤프츠베리(Shaftesbury) 백작이 된 애쉴리 경과 아주 운명적인 만남을 갖게 된다. 로크와 토마스는 옥스퍼드에 있는 실험실을 같이 썼다. 당시 영국에서 가장 부자 중에 한 사람이자 찰스 2세의 궁정에서 가장 영향력 있는 정치인 중 하나였던 애쉴리 경은 실험실에 와서 어떤 약물을 마실 것을 토마스에게 제안해놓았었다. 그런데 토마스가 갑자기 밖에서 볼 일이 생겨 로크에게 그 약물을 꼭 전해주라고 요청했다. 이렇게 해서 로크는 애쉴리 경을 만나게 되었고 애쉴리 경은 로크의 학술과 화술에 매료되었다. 그래서 1667년에 직업을 찾던 로크는 런던에 있는 애쉴리 경 가문의 가정교사 겸 주치의로 초빙되었다. 이렇게 하여 그는 특히 후에 도덕철학자로 이름을 날린 애쉴리 경의 손자인 제3대 샤프츠베리 백작의 교육에 여러 모로 직접적인 영향을 주었다고 한다. 그러나 이 만남을 통해서 로크는 단순히 가정교사와 주치의뿐 아니라 애쉴리의 연구원으로서 정치적 동반자이자 친구가 되었다. 이렇게 해서 그는 1670년대와

1680년대 영국 정치의 핵심부에 끼어들게 된다. 로크는 또한 런던에서 토마스 시던햄의 지도 아래 의학 공부를 다시 시작한다. 시던햄은 로크의 자연철학적 사고에 주요한 영향을 끼친다. 이 영향은 『인간오성론』에서 명백히 드러난다. 로크는 유행병과 천연두 연구의 권위자인 시던햄과 의학을 공동으로 연구하여 많은 성과를 올렸다. 이러한 공적을 인정받아 그는 1668년에 왕립협회 회원이 된다.

로크의 의학적 지식은 샤프츠베리의 간 질환이 생명을 위협할 정도가 되었을 때 그 실력을 발휘하게 된다. 1668년에 로크는 몇몇 의사들의 충고를 조정하고 통합해서 샤프츠베리에게 간의 낭종(囊腫. cyst)을 제거하는 수술을 받을 것을 권한다. 당시의 수술이란 생명을 걸고 해야 하는 것이었다. 로크는 이 수술을 성공적으로 해내었고 그 후 샤프츠베리는 건강을 회복하였다. 그리고 로크를 생명의 은인으로 생각하게 되었다.

그 후 1672년에 대법관이 된 샤프츠베리가 빠르게 정치적으로 승진함에 따라 그의 조언자이자 비서인 로크도 현실 정치에 발을 들여놓게 된다. 처음 백작 샤프츠베리의 서기로 발탁되어 1675년에는 심지어 무역식민위원회의 서기장에 임명되기도 한다. 샤프츠베리 백작은 종교적 관용을 허용하는 정치가 외국과의 무역 증진을 통해 경제를 번영할 수 있는 조건이라고 생각하는 정치가였다. 이러한 배경은 로크가 국제 무역과 경제에 대해 그의 사상을 수립하는 데 많은 도움을 주었고, 초창기 권위주의 시각에서 벗어나 비로소 자유주의적 시각을 갖는 데도 큰 도움을 주었다. 게다가 철학에도 관심이 많았던 백작을 포함한 여러 지우들과의 토론 모임을 통해 종교와 도덕의 인식론적인 문제와 맞닥뜨리게 되어 그는 이 문제를 해결하기 위해서 『인간오성론』의 초안들을 작성하기도 한다. 이때의 두 개의 초안은 아직도 현존한다.

그러다가 1675년에 샤프츠베리가 찰스 2세로부터 멀어지자 공직에서 떠난 로크는 파리의 남쪽에서 좀더 온화한 공기를 찾아 이곳저곳을 여행하다가 주로 몽펠리에르(Montpellier)에서 머문다. 그는 프랑스에 있는 동안 프랑스의 개신교에 대해 많이 배우게 된다. 그때는 아직 낭트칙령(Edict of Nantes)이 시행 중이어서 어느 정도의 종교적 관용이 있었다. 그러나 루이 14세가 1685년에 낭트칙령을 철폐하자 프랑스의 개신교도들은 살해를 당하거나 망명길에 올라야 했다. 로크는 약 4년간에 걸쳐 휴양 생활을 한 후 샤프츠베리가 잠시 동안 정치적으로 유리한 입장에 돌아서게 된 1679년에 영국으로 돌아온다. 대략 이때쯤에 아마도 샤프츠베리의 격려로 로크는 『두 정부론(Two Treatises of Civil Government)』을 쓰기 시작했다고 볼 수 있다. 로크는 1688년의 명예혁명을 옹호하기 위해서 『두 정부론』을 썼을 뿐 아니라, 또한 필머 경(Sir Robert Filmer)과 홉스(Thomas Hobbes)의 절대주의 정치 철학을 반박하기 위해서 썼다. 비록 로크는 당시의 영향력 있는 휘그당원들과 관련을 맺고 있었지만, 자연권과 정부에 대한 그의 사상은 당시 영국의 역사를 볼 때 매우 혁명적이었다고 볼 수 있다.

그러나 정치 사정은 급변하게 된다. 찰스 2세가 왕권적 절대
주의를 표방하던 프랑스와 비밀리에 손잡고 가톨릭 신자인 제
임스에게 왕위를 물려주려고 하자 샤프츠베리 백작은 이를 반
대한 후에 '휘그당'으로 발전하는 '초록 리본회'를 결성하게 된
다. 반면에 왕당파는 '토리당'으로 불렸는데 그들이 권력을 쥐
고 있었으므로 휘그당원들은 감시받거나 쫓겨다녀야 했다. 휘
그당의 지도자인 샤프츠베리 백작의 혁명 계획이 실패하고 휘
그당의 제임스 암살 계획이 발각되어 당원들이 체포되고 처형
당하는 처지에 몰리자, 결국 안전한 곳을 찾아다니던 샤프츠베
리는 모든 것을 포기하고 1682년에 네덜란드로 도망가게 되고
그곳에서 그 다음해인 1683년 1월에 죽는다. 그리고 로크는 51
세가 되던 1683년에 라이하우스 사건(Rye House Plot. 과격한
휘그당원이 찰스 2세와 그 아우 제임스를 암살하려고 계획한
음모)에 가담하였다는 혐의로(사실은 가담한 것으로 보이지
않음) 네덜란드로 망명한다. 비록 이렇게 로크는 샤프츠베리
백작과 함께 정치적 야망을 실현하지는 못했지만 그와 같이
있었던 기간은 그의 정치 사상에 지대한 영향을 끼친 기간이
었다고 할 수 있다. 그래서 그는 유럽 출판의 중심지인 네덜란
드에서 많은 시간을 『인간오성론』을 다듬는 데 썼고, 그곳의
관용주의적 분위기와 비교적 자유로울 수 있었던 그 기간을
이용해서 『관용에 관한 편지』의 집필을 완료할 수 있었다.

한편, 영국에서 제임스 왕이 지나친 가톨릭 위주의 정책과
친프랑스적인 정책을 폄으로 말미암아 강력한 절대 왕권의 대

두를 두려워하는 휘그당과 토리당을 모두 적으로 만들었다. 이들이 1688년 프랑스 절대 왕정의 강력한 맞수이자 찰스 1세의 손자이고, 제임스 왕의 맏딸로서 개신교 신자인 메리(Mary)의 남편인 오렌지 공(William of Orange)을 맞아들여 행한 개혁이 바로 '명예혁명'이었다. 이렇게 해서 영국에서는 제임스 2세가 퇴위하고 오렌지가의 윌리엄 3세가 즉위하게 된다. 이로 인해 오랜 망명 생활을 청산하고 로크는 다음해 귀국, 베를린 공사로 임명된다. 로크의 가까운 친구 마샴(Masham)부인은 그를 에섹스(Essex)에 있는 시골집으로 초대해서 같이 머물게 한다. 하지만 거기서의 생활은 천식으로 건강을 유지하지 못한다. 그러나 그는 휘그당의 지적인 영웅이 되었고 이 기간에 드라이던(John Dryden)과 뉴턴(Issac Newton) 같은 인물들과 친밀한 관계를 맺는다.

그 후 로크는 3대 저작인 『관용에 관한 편지』, 『정부론』, 『인간오성론』을 출간한다. 『관용에 관한 편지』와 『정부론』은 정치적 파장을 우려한 나머지 익명으로 출간했으나 『인간오성론』만큼은 자신의 저작임을 숨기지 않았다. 이들 저서의 출간으로 로크는 일거에 유럽 지성계의 유명 인사로 부상했으며, 그 명성은 그가 죽을 때까지 그리고 오늘날까지도 이어지고 있다.

3대 저작을 출간하고 사망할 때까지 근 17년간 로크는 매우 다양한 영역에서 활발하게 활동했다. 각종 경제 정책 자문에서부터 통상과 식민지를 담당한 핵심 부처 수장으로 근무하면서 영국의 통화와 이자, 통상 정책을 주도하기도 한다. 그리고 61

세가 되던 1693년에 영국의 엄격한 교육관을 대변하는 교육서인 『교육론』을 발간하고, 63세가 되던 1695년에는 기독교에 대한 자신의 생각을 담은 『기독교의 합리성』을 발간하게 된다. 이렇게 로크는 11년간 정부의 고위직에 있다가 1700년에 은퇴한 후 건강이 악화되어 마지막 저술 작업에 힘쓰다가 1704년에 72세로 여생을 마치게 된다. 그는 1691년부터 살아왔던 마샴 부인의 집이 있는 에섹스의 할로우(Harlow) 동쪽 하이 라벨(High Laver)의 마을 교회 마당에 묻힌다. 로크는 결혼하지 않았으며 따라서 자녀도 없었다.

이처럼 로크는 정치 사상적으로 혼돈과 변혁의 시기였던 근대 초기에 살면서 근대 정신의 토대를 정초한 철학자다. 인식론·존재론·언어철학 등의 순수 철학 분야에 그가 남긴 업적은 오늘날에도 수많은 철학자들에게 영향을 미치고 있다. 또한 로크의 사회 정치 사상은 미국의 독립선언서와 프랑스혁명 정신에 깊은 영향을 주었으며, 오늘날 자유민주주의 정치 체제의 이념적 기초를 제공하였다.

제2장
종교적 관용의 역사적 배경과 존 로크 관용론

1559년부터 1689까지를 역사가들은 종종 유럽의 종교 전쟁 시대라고 부른다. 이 짧지 않은 130년이라는 기간에 유럽은 도무지 끝날 것 같지 않은 일련의 파괴적인 종교 분쟁에 의해 거의 파산 상태에 이른다. 종교 개혁은 중세 유럽의 종교적 통합을 산산이 부숴놓았다. 서부 유럽은 가톨릭과 프로테스탄티즘에 대한 종교적 충성으로 인해 분열되었을 뿐 아니라 프로테스탄티즘 자체에서도 많은 교회들과 교파로 쪼개져서 심한 갈등 속에 있었다. 종교 전쟁이란 이러한 여러 형태의 기독교 사이에서 경쟁적으로 유럽인의 정신적 실체를 결정하기 위한 투쟁이었다. 이러한 종교적 갈등은 유럽의 여러 국가와 국가 사이에서만 아니라 나라 안에서도 마찬가지였다. 신성로마제국,

프랑스, 영국은 그치지 않는 일련의 파괴적인 시민 전쟁을 겪으면서 간신히 국가의 존립을 유지했다. 예를 들면 프랑스는 40년이 채 못 되는 기간에 무려 여덟 번의 내란으로 큰 혼란을 겪었다.

이러한 서로 죽이고 죽는 비극적인 분쟁 때문에 사회가 계속해서 대혼란으로 빠져들게 되면서 결국 다음과 같은 두 결론에 이르지 않을 수 없게 되었다. 첫째는 종교적 일치가 이상(理想)으로서는 아무리 바람직한 것일지라도 현실적으로는 더 이상 성취할 수 없다는 결론이다. 종교 개혁으로부터 생긴 종교적 분열이 가까운 미래에 유럽 국가들의 종교에 다양하게 반영될 것이 예상되었다. 역사가인 조단(W. K. Jordan)의 말대로 "종교 전쟁의 경험을 통해서 사람들은 종교적 일치가 안전과 실리를 추구하는 근대 세계의 정치에서는 도저히 성취될 수 없다는 것을 깨닫게 되었다."7) 두 번째 결론은 첫 번째 결론에서 자동적으로 따라나오는데, 교파와 종파를 달리하는 신앙인들이 같은 공동체 사회에서 평화롭게 공존할 수 있는 방법을 찾는 것이었다. 즉, 다양한 기독교 교파 사이에서의 분쟁이 정치적 이슈가 되어버려 시민 전쟁으로 치닫는 것을 방지할 수 있는 방법을 찾는 것이 당면한 과제였다. 그와 같은 잠정적인 타협의 방법이라도 찾지 못하면 유럽은 끊임없는 파괴

---

7) W. K. Jordan, *The Development of Religious Toleration in England*, 4권 : *Attainment of the Theory and Accommodation in Thought and Institutions* (Cambridge Massachusetts : Harvard University, Massachusetts : Peter Smith, 1965), 472쪽.

적인 종교 전쟁의 늪에서 자멸할 것으로 보였다.

이에 영국에서는 종교적 관용의 정책과 이에 수반되는 정치의 세속화를 통해 종교적 문제를 해결하려는 시도가 이루어졌다. 영국은 이제 다시는 종교적 갈등으로 파괴되는 정치적 질서를 허용하지 않기로 결심한 국가였다. 영국은 처음에는 종교 일치의 정책을 시행하려고 했고 그래서 국교 반대를 뿌리 뽑으려고 했다. 그러나 이 정책은 실패했을 뿐 아니라 이미 종교적 불일치는 영국인의 생활 속에 깊이 뿌리를 내렸기 때문에 아무리 큰 희생을 치른다 해도 그것은 뿌리 뽑을 수 없는 문제가 되어버렸다. 알렌(J. W. Allen)이 이야기한 대로 관용은 "종교의 국가적 일치를 이루려는 시도는 누구에게도 이익이 되지 않는 너무 심한 갈등과 비참함과 도덕의 해체를 초래할 것이라는 현실에서 얻은 확신의 결과로 생긴 것이다."[8] 서로 격렬하게 반대하는 다양한 형태의 기독교 신앙을 고백하는 사회에서는 정치적 안정이 이루어지려면 개개인의 교회에 대한 충성과 정치적 충성 사이에는 강력한 쐐기를 박아야 한다는 것을 시민들이 느끼기 시작했다고 볼 수 있다. 정권이 영국 기독교의 갈라진 다양한 교회 모두로부터 충성을 충분히 장악하여 정치적 안정을 확보하기 위해서는 자기 자신을 기독교인들의 교리적 논쟁으로부터 충분히 분리시킬 필요가 있었다. 정치적 질서가 종교적 분쟁의 저변에 숨겨진 영속적인 분쟁 원인들로

---

8) J. W. Allen, *English Political Thought 1603~1660*, (London : Methuen & Co., Ltd., 1938), 201쪽.

부터 위협받지 않으려면 관용의 정책 외에는 다른 방도가 없었다. 힐(Hill)은 다음과 같이 쓰고 있다 : "관용법은 정치적 목적에 부응하는 것이었다. 즉, 국가적 통합과 정권의 안전을 위해서는 비국교도들에게 예배의 자유를 허용할 필요가 있었던 것이다."9) 이렇게 해서 관용은 정치적 안정을 위해서는 필수적인 조건이 되었다. 관용은 프로테스탄트 교인들 사이의 교리적 갈등을 비정치화함으로써 평화를 보장하려고 고안된 현실적 타산에 의해 이루어진 협상물이었다.

헨리(Henry), 엘리자베스(Elizabeth) 그리고 그의 후계자들의 종교 정책은 국가적 통합 도구로서 종교적 일치를 이루려 했다. 명예혁명 이후의 새로운 정부도 국가적 통합이라는 똑같은 목적을 가졌으나 그들은 과거와는 다른 새로운 방법을 통해서만 국가적 통합을 이룰 수 있다는 것을 깨달았다. 강요적인 종교적 일치의 정책은 국가 통합에 오히려 방해물이 된다는 것을 깨달았기 때문에 새 정부는 나라 안의 프로테스탄트들 사이의 종교적 불일치로부터 자신을 벗어나게 하려고 했다. 만일 국가가 더 이상 정치적으로 분열되지 않으려면 나라 안의 다양한 교회들 사이의 신학적 차이를 국가와는 상관없는 것으로 만들 수 있는 교회와 국가 간의 새로운 관계가 수립되어야만 했다. 그 결과 나온 정책이 제한적이고도 조건적인 관용이었다.10) 즉, 프로테스탄트 교회들 사이의 불일치와 신조들의

---

9) Christopher Hill, *The Century of Revolution* (Edinburgh : Thomas Nelson and Sons, 1961), 246쪽.

불일치가 국가에 대한 충성이나 국가의 단결을 방해하지 않는 한 그들의 다양성에는 관용을 베푼다는 것이다. 조단(Jordan)이 말했듯이 관용이란 종교적 분파들 위에 강제적인 평화의 수단으로 내려진 정책이었다 :

영국에서는 관용이란 주로 다음과 같은 결정의 결과로서 얻어 진 것이었다. 그 결정이란 자기야말로 엄격한 정통임을 주장하는 교파들 사이에서 일어나는 국가 안에서의 종교적, 정치적 삶에서 주도권을 잡으려는 만성적이고도 파괴적인 투쟁을 잠재우기 위한 도구로서 관용을 이용함으로 세속적 목적들을 확실히 성취하려는 결정이었다.[11]

또한 트레벨리안(G. W. Trevelyan)은 다음과 같이 쓰고 있

10) 1689년의 관용법(Toleration Act)은 본질적으로는 모든 정통적인 프로테스 탄트들에게만 관용이 확정된 것이었다. 그것은 가톨릭교도, 이신론자, 무신론 자, 유니테리안 교도(Unitarians), (이들은 삼위일체설을 부인하고 그리스도를 신격화하지 않고 신은 하나뿐이라고 주장한다) 그리고 삼위일체설을 모독하는 자들에게는 명백히 제외되었던 것이다. 비국교도들은 공직을 갖지 못하는 것을 포함하여 여전히 여러 가지 시민으로서 누려야 할 권리를 박탈당했던 것이다. 즉, 관용법에 의해서 인정된 관용이란 그 범위에서 결정적으로 제한되어 있었던 것이다. 그것은 종교적 형벌의 법제화를 폐지하기보다는 단순히 특정 계층의 비 국교도를 조항에서 면제한 것뿐이었다. 사실상 관용이라는 단어가 관용법 본문 에는 언급되어 있지 않았다. 그 법을 만든 국회의원들 자신조차도 Toleration Act를 Bill of Indulgence(赦免案)라고 불렀다(Toleration Act와 그것의 조항들 에 관해서는 Raymond C. Mensing, Jr.의 *Toleration and the Parliament 1660~ 1719*와 Seaton, *The Theory of Toleration Under the Later Stuarts*, 84-236쪽 참조).

11) Jordan, 앞의 책, 470쪽.

다 : "1689년에는 교회도, 국가도 종교적 관용을 보편적으로 적용해야 할 원리로서 받아들인 것이 아니었다. 당시의 관용법이란 전반적이고도 이론적인 근거에서가 아니라 실용적 고려에 의해서 정치적 협상으로서 받아들이게 된 것이었다."[12] 관용은 전혀 원리로 채택된 것이 아니고 "정치적 위기에서 생긴 우연한 산물"이었다.[13] 따라서 관용법의 구절들은 정치적 삶의 목적 혹은 목표를 새롭게 이해하게 되었다는 승리를 표현해주는 것이 아니었다. 시이톤(Seaton)의 말에 의하면 "그때까지 관용을 반대하던 사람들이 정치적 방편으로서" 그 법을 제정하게 되었던 것이다. 그래서 알렌(J. W. Allen)이 언급한 대로 "관용법의 채택은 원리에 의한 행동이 아니라 정황적인 압력(circumstantial pressures)에 의한 것이었다."[14]

영국의 종교 전쟁을 촉발시켰던 문제는 "공동체의 영적 생활이 모든 면에서 어떻게, 누구에 의하여 그리고 무슨 목적으로 구성되고 방향이 결정되느냐 하는 문제였다."[15] 그러나 관용은 전쟁을 촉발했던 문제에 대한 해결책이 아니라 다루기 힘들고 정치적으로 폭발될 가능성을 지닌 문제를 단순히 회피하기 위한 방법이었다 :

---

12) G. M. Trevelyan, *The English Revolution, 1688~1689* (London : Oxford University Press, 1965), 83쪽.
13) Trevelyan, 위의 책, 84쪽.
14) J. W. Allen, 앞의 책, 200쪽.
15) William Haller, *Liberty and Reformation in the Puritan Revolution* (New York : Columbia University Press, 1955), 14쪽.

관용은 장기 국회(Long Parliament)를 괴롭혔던 국교회의 문제를 해결했던 것이 아니었다. 그것은 단지 그때까지 치료책을 찾을 수 없었던 어려움을 후대들이 단지 우회할 수 있게 해줄 뿐이었다. … 그것은 단지 종교적 분쟁을 제한하여 다른 일에 사람들의 에너지를 분출하게 하기 위한 것이었다.16)

따라서 영국의 종교 전쟁이란 영국 사회를 이끌어갈 시민신학(civil theology)의 성격을 결정하고자 하는 투쟁이었다고 볼 수 있다. 그러나 이 전쟁에서 어느 측도 확실한 승리를 얻을 수 없다는 사실을 깨달았을 때 국가적 통합은 단지 관용이라는 조치를 통해서만 확보될 수 있었다.

그런데 한편, 1688년의 명예혁명에 의해 도입된 영국인의 삶에서의 변화는 영국 사회가 자신을 이해해야 하는 방식이 달라지도록 했다. 이것은 특히 종교적 관용의 도입으로 그렇게 되었다. 실용적인 면에서 종교적 관용은 실로 성공적이었다. 즉, 그것은 오랫동안 영국을 재앙으로 몰아넣었던 종교 전쟁을 종식시켰다. 그러나 동시에 종교적 관용을 받아들임으로써 영국 사회가 자신을 이해하는 데 심각한 고민을 하지 않을 수 없게 되었다. 영국 사회의 자기 이해에서 지금까지는 국가의 종교적 생활과 정치적 생활이 아주 밀접하게 뒤엉켜 있었다. 즉, 영국 성공회는 영국 사회와 공존하는 것이었고 영국이란 민족국가는 동시에 국가 교회를 뜻하는 것이었다. 교회와 국가의

---

16) Haller, 앞의 책, 13-14쪽.

융합, 종교적 생활과 정치 생활에 대한 이러한 해석은 영국이란 민족 국가의 자기 해석에서 뿌리 깊은 것이었다. 영국 사회가 자신의 실존을 해석하는 것은 바로 이러한 지평선에 서 있었던 것이다. 즉, 영국 사회를 규정하는 공적 진리(public truth)인 시민신학(civil theology)으로서의 영국 성공회는 적어도 이론 면에서는 영국인의 생활 모든 면에 깊이 침투해 있었던 것이다.

하지만 시민 사회 존립의 한 요소로서 종교적 관용이 출현함에 따라 이제는 영국 성공회가 곧 영국 사회를 대표하는 것이 될 수가 없게 되었다. 영국 사회는 더 이상 단 하나의 국가 교회에 매달림으로써 통합을 이룰 수는 없게 되었다. 이제 엘리자베스와 그녀의 아버지에 의하여 형성된 교회 국가는 산산이 부서졌다. 그리고 국가의 정치적 생활과 종교적 생활 사이에는 쐐기가 박혀버렸다. 이제 더 이상 종교적 반대가 반드시 정치적 불충성을 의미하는 것은 아니게 되었다. 즉, 영국 국교회의 충성스런 교도가 아니면서도 충성심을 가진 영국 국민이 될 수 있었던 것이다. 그러므로 종교적 관용에 의하여 국민 생활에 도입된 변화는 결국 영국이 사회로서의 자신을 이해하는 핵심적 내용에 변화를 초래하지 않을 수 없었다. 영국 국가의 정신적 표현으로서의 영국 성공회의 이상은 이제 과거의 것이 되어버렸다. 즉, 영국 성공회는 이제는 영국인의 생활을 정신적으로 묶어주는 중심점으로서의 역할을 할 수가 없게 되었다. 관용의 수립으로부터 비롯된 새로운 상황은 영국의 전통적인 자기 이해의 제도적 기초를 전복시켰고 그것에 의하여 영국인의 공적 생활에 간격을 만들어놓게 되었다. 만일 성공회가 더 이상 공동체의 유대를 형성할 수가 없다면 무엇이 그 일을 한 단 말인가. 종교 전쟁으로 비롯된 영국 사회는 이제 새로운 시민신학을 찾아야 했다.

이제 그들은 정치적 생활과 종교적 진리에 대한 새로운 변화가 요구되었다. 이것은 다름 아닌 정치적 생활의 전면적인 재건축을 예상하는 것이었다. 이러한 상황 때문에 조단이 말했듯이 명예혁명 뒤에는 국가에 대한 새로운 개념이 급속히 형성되고 있었다.17) 그것은 바로 현실적 필요에 의해서 이루어진 실용적 관용의 이론적인 정립을 통하여 국가에 대한 새로운 개념을 요구하는 것을 말하는 것이었다. 바로 이러한 때 로크는 이 관용의 이론을 체계화하는 가운데서 새로운 시민신학을 형성하고자 했던 것이다. 관용은 로크의 정치학의 개념에서 비로소 현실적인 정책으로부터 보편적이고 불가침적이고 실로 정당하게 구성된 정치 질서의 규정적인 원리로서 승화되었다. 조단의 말에 의하면, 로크가 이룩한 정치적 삶의 재건축 밑에는 정치적 생활의 목적과 목표, 인간 지식의 본성 그리고 종교적 진리의 지위에 대한 혁명적 개념을 구체화한 "국가와 종교에 대한 새로운 철학"18)이 놓여 있었다. 따라서 그것은 서양 문화의 지적인 기초를 광범위하게 재구축하는 것을 의미했다고 볼 수 있다. 종교적 소용돌이를 필사적으로 벗어나려는 영

---

17) Jordan, 앞의 책, 473쪽 참조.
18) Jordan, 앞의 책, 486쪽.

국 안에서, 이 새로운 국가 생활과 종교 생활에 대한 새로운 철학은 점진적으로 그것의 옛 경쟁자(교회국가론)를 잠식해 들어갔고 서서히 영국 사회의 자기 이해의 기초로서 자리를 잡아갔다.

로크가 영국의 종교 전쟁을 초래했던 문제들에 대한 해결과 당시의 무질서를 해결하는 데 가장 본질적인 부분으로 보았던 것이 종교적 관용이었다. 콕스(Richard Cox)는 『관용에 관한 편지』를 로크의 작품 가운데서 가장 정열적인 것이라고 한다. 그것이 정열적인 톤을 지닌 이유는 신기한 일이 아니다. 콕스는 그 이유가 "그가 옥스퍼드의 학생이었을 때부터 그의 생애가 끝날 때까지 시민적 그리고 종교적 갈등의 본성, 원인 그리고 그것의 가능한 개선책에 관해서 심오한 관심을 가지고 있었다는 사실을 반영하기 때문이다"[19]라고 한다. 그것은 로크가 자신의 관용의 이론과 관용을 포함한 정치적 생활의 재구축을 위한 더욱 광범위한 프로그램의 구축을 요구했던 시대에 대한 응답이었다. 즉, 산도츠(Sandoz)가 말한 대로, "비극적인 실존적 무질서"[20]에 대한 응답이었다. 볼린(Wolin)이 말한 대로 영국은,

---

19) Richard Cox, *Justice as the Basis of Political Order in Locke*, in *Justice, Nomos* VI, eds. Carl J. Friedrich and John W. Chapman (New York, Atherton Press, 1963), 149쪽.
20) Ellis Sandoz, "The Civil Theology of Liberal Democracy" in *Journal of Politics* 34 (1974), 31쪽.

전 사회가 거의 무너질 정도까지 극심한 정치적 혁명과 종교적 갈등을 경험했었다. 영국이 예기치 않게 전쟁과 혁명으로 빠져든 것은 아주 극적인 것이었고, 그로 말미암은 황폐함이란 이루 말할 수 없었고 그로 말미암아 생긴 적대감은 너무도 쓰디쓴 경험이었기 때문에 그 후의 3세기 이상 동안의 영국의 정책은 역사는 반복되어서는 안 된다는 불문의 전제(unwritten premise) 위에서 수행되었다.[21]

『관용에 관한 편지』가 그의 다른 글과는 달리 격정적인 문체로 쓰인 것은 바로 그의 시대의 파멸적인 종교 분쟁이 그에게 끼친 깊은 영향을 드러내는 것이라고 볼 수 있다. 그는 그의 동포들과 마찬가지로 이러한 사건들이 다시는 반복되게 해서는 안 된다는 결의에 차 있었다. 『관용에 관한 편지』에서 설명한 그의 관용론은 그 시대의 영국을 파산지경에 몰아넣었던 혼란에 대한 원인을 진단하고 해결책을 고안해온 로크의 30년에 걸친 노력의 결정(結晶)이었다.

로크는 당시의 혼란의 직접적인 원인이 종교적 다양성이라는 단순한 사실에 있지 않고 교회 국가(ecclesiastical state)의 불관용이라고 결론을 내린다. 그는 종교적 박해야말로 문제의 장본인이고 관용의 수립만이 해결책이라고 주장한다. 그러나 그 관용이 현실적 실리를 위한 방책으로서 마지못해 받아들이는 관용으로서는 충분치 못하다. 교회 국가를 지지하는 많은

---

21) Sheldon S. Wolin, *Politics and Vision* (Boston : Little, Brown & Co., 1960), 243쪽.

사람들은 교회와 국가의 본성과 그 둘 사이의 올바른 관계를 잘못 이해하고 있는 것이다. 그리고 이 오해는 종교적 진리의 본성과 그것의 인식론적 지위를 잘못 이해하는 데 그 뿌리를 두고 있다. 이러한 오해가 널리 퍼져 있는 한, 단순히 관용의 실행만 수용하는 것은 단지 잠시 동안의 휴전 상태만 이룰 뿐이다. 즉, "통치권은 신의 은총 가운데에 그 기초를 두며, 종교는 무력의 힘으로 전파되어야 한다는 견해가 널리 퍼져 있는한 어떠한 평화도 안보도 심지어는 흔히 있어야 할 우정도 사람들 사이에 결코 이루어질 수도 보존될 수도 없다."[22]

로크에 의하면 관용의 실행이 영원한 평화의 기초를 제공하려면 우선 정확한 관용의 이론이 수립되어야 한다는 것이다. 즉, 정치적 생활의 목표, 인간 오성의 본성과 영역 그리고 종교적 진리의 본성과 결부된 관용의 원리를 먼저 알아야 한다는 것이다. 단적으로 말해서 안정된 평화의 수립은 관용의 실행을 받아들여야 할 뿐 아니라 로크의 글에서 제기한 관용의 이론도 받아들일 때 이루어진다는 것이다. 교회와 국가에 대한 올바른 설명, 그에 수반되는 그 둘 사이의 정당한 관계에 대한 올바른 진술이 그의 관용의 편지 속에서 제시되고 있으며, 로크는 그것이 명실상부한 평화의 헌장을 구성할 것이라고 믿었다. 로크는 그의 관용의 원리가 실천으로 옮겨질 때 국가는 과거의 소용돌이에서 영원히 벗어날 수 있을 것이라고 확신했다.

---

22) 『로크 전집(*The Works of John Locke*)』 중 제6권(London : Thomas Tegg et al, 1823 ; repr., Germany : Scientia Verlag Aalan, 1963), 20쪽.

혼히들 관용법(Toleration Act)은 로크의 주장을 반영한 것이라고 생각하지만, 이 법은 영국에서 『관용에 관한 편지』가 출간되기 이미 몇 달 전에 채택된 법이었다. 크래그(Cragg)의 말에 의하면, 다른 어느 글보다도 로크의 『관용에 관한 편지』가 관용에 대한 이해의 변화에서 '지적 정당화'를 가능케 했다고 한다.

1688년의 명예혁명을 통해서 영국은 그들의 정치적 생활의 한 실천적 특징으로서 관용을 받아들일 수 있게 되었다. 그러나 이론으로서의 관용을 제시함으로써 관용의 정책이 완전한 승리를 얻은 것은 존 로크 덕택이었다. 로크의 『관용에 관한 편지』를 오늘날의 독자가 읽어보면 이제는 진부해진 이야기를 반복해서 주장하는 것에 싫증을 느끼기 쉽다. 그러나 사실은 이렇게 된 것이 바로 관용을 서양 문명사의 하나의 지적 가정(assumption)으로서 확고히 세운 로크의 권위에 기인하는 것이다.[23]

또한 트랠취(Troeltsch)에 의하면, "실제적 원리로서의 종교적 관용은 로크가 교회와 국가의 이론을 정식화한 이후에야 비로소 받아들여졌다."[24] 보른(Fox Bourne)이 말한 대로, 로크가 그의 『관용에 관한 편지』에서 주장한 견해들은 오늘날

---

23) Cragg, *From Puritanism to the Age of Reason*, 215-216쪽.
24) Ernst Troeltsch, *The Social Teaching of the Christian Churches*, translated by Olive Wyon 제2권(New York : MacMillan Co. ; Harper Torchbook edition, 1960), 672쪽.

자명한 이치로 받아들이게 되었다.[25] 실로 로크의 관용론이 오늘날의 자유주의 정치학의 구조 형성에 끼친 영향은 이루 말할 수 없다.

오늘날 로크 연구에서 문제가 되고 있는 것 중의 하나가 그의 사상적 변화다. 흔히 로크는 자유주의의 시조로 알고 있는데 1960년에 아브라함에 의하여 『정부에 관한 두 소논문(*Two Tracts on Government*)』이라고 이름 붙인 책이 출간됨으로써 로크가 초기에는 권위적 보수주의자였다는 사실이 밝혀졌다. 이 사상적 변화에 대한 해석은 정치철학자들로 하여금 상당히 어려움을 겪게 하는 문제다. 로크는 크라이스트 처치대학의 학생으로 있었던 1660~1661년 사이의 겨울에 아주 권위적인 두 편의 글을 썼다. 이 두 편의 짧은 에세이에서 로크는 제한된 양심의 자유를 지지하는 논의를 반대하고 정부에 대한 권위적인 견해를 옹호한다. 이 두 소논문과 이후의 좀더 자유주의적인 입장으로의 변화 — 이 변화는 우선 로크가 1666년에 클레베스(Cleves)에 머물렀던 4개월 동안에 쓴 사신(私信)에서 나타나고, 그 다음에 1667년 봄에 애쉴리 경의 집으로 이사 가서 그 해에 저술한 『관용에 관한 에세이(*An Essay concerning Toleration*)』에서 보인다 — 는 현대 학자들의 많은 연구를 낳았다.[26] 그러나 우리는 로크의 두 소논문을 다룰 때 타코프

---

25) Fox H. R. Bourne, *The Life of John Locke* 제2권(New York : Harper & Brothers, 1876), 182쪽.

26) 로크의 이러한 사상적 변천 과정에 대한 설명을 여러 학자들이 하고 있다. 예를 들면, Philip Abrams의 *Two Tracts on Government by John Locke*

(Tarcov)의 말을 항상 염두에 둘 필요가 있다고 생각한다 : "로크는 두 소논문을 출판하지 않기로 결정했지만, 『두 정부론(*Two Treatises of Government*)』과 『관용에 관한 편지들(*Letters concerning Toleration*)』은 출판했으며 그리고 그의 유언에서 이 두 개를 자기가 쓴 것이라고 인정했다. 그는 우리에게 그가 권위주의 때문이 아니라 자유주의 때문에 기억되게 하기 위해서 세심한 주의를 기울였다."[27]

그런데 놀랍게도 권위주의적 저서인 First Tract의 끝부분에는 로크가 나중에 관용의 문제를 이론화할 때 서문으로 적당하다고 생각할 만한 구절이 눈에 띈다. 이 구절에서 로크는 관용의 정책이 세상에 평온을 조성해서 마침내 그렇게 오랫동안 사람들이 추구해왔던 영광의 날을 가져올 수 있기 전에 관용의 이론가들이 사람들의 마음에 반드시 이루어놓아야 할 것이 있다고 진술한다. 로크는 다음과 같은 가정이 이루어질 때 관용이 가능하다고 주장한다 :

(Cambridge : Cambridge UniversityPress, 1967) 서문 ; Ashcraft, *Revolutionary Politics & Locke's Two Treatises of Government* (Princeton, New Jersey : Princeton Uni. Press, 1986) ; Dunn, *The Political Thought of John Locke* (Cambridge : Cambridge Uni. Press, 1969) ; John W. Gough, *John Locke's Political Philosophy*, 2판 (Oxford : Clarendon Press, 1973) ; Robert P. Kraynak, 'John Locke : From Absolutism to Toleration', *American Political Science Review* 74 (1980).

27) Nathan Tarcov, *Locke's Education For Liberty* (Chicago : University of Chicago Press, 1984), 214쪽, 주 1.

종교를 군영(軍營)에서 쫓아내어서 무장해제함으로써 적어도 말씀과 성령 외에는 다른 검을 쓰지 않게 될 때, 개혁과 하나님을 위한다는 명분 뒤에 숨어 있는 종교적 야심과 복수심을 벗겨내어 그것들 자체의 원시적 추함이 드러나지 않을 수 없고 그 추함이 세상에 공개적으로 알려져 세상 사람들의 멸시를 받지 않을 수 없게 될 때, 그리고 사도 바울이 충고했듯이 신자나 비신자나 함께 사는 것에 만족하면서 서로의 견해를 정복하는 데 자비심과 설득 외에는 다른 무기를 사용치 않게 될 때, 그리고 사람들이 서로서로 자기 나름의 방식대로 천국 가는 것을 허용할 때, 또한 자신의 자만심에 도취되어서 자신보다 다른 사람의 영혼과 다른 사람의 영원한 관심사에 대해서 자기가 더 많이 알고 더 많이 돌보아줄 능력을 가지고 있다고 자부하지 않게 될 때.28)

이와 같이 로크는 『인간오성론』, 『두 정부론』, 『기독교 교리의 합리성』, 『교육론』 그리고 『관용에 관한 편지들』을 쓰기 30년 전에 그는 이미 그가 나중에 씨름해야 할 이론적 실천적 과업의 성격과 중요성을 인식하고 있었던 것이다. 관용의 정책이 성공하기 전에 종교는 무장해제해야 하고 강제 수단을 가져서는 안 되며, 성직자들의 세속적 야심들은 세상에 폭로되어야 하고, 종교적 열정은 완화되고 세련되어야 하며, 마지막으로 자기들의 종교적 믿음이란 주관적이라는 것을 알아야 한다는 것이다. 1660년의 로크는 사람들의 마음에 그와 같은 혁명적인 변화가 일어날 수 있을 가능성에 대해서 비판적이었지만, 그러

---

28) Two Tracts, 161쪽.

나 나중에는 그의 대부분의 철학적 노력을 인간들의 사고와 감정에서 바로 그와 같은 혁명을 일으키는 데에 경주했다고 볼 수 있다.

관용에 관한 편지

A Letter concerning Toleration

독자에게

　바로 금년에 네덜란드에서 라틴어로 인쇄된 이 『관용에 관한 편지』는 이미 네덜란드어와 프랑스어로 번역된 것입니다. 그것들이 많은 사람들에게서 금방 관심을 끈 것을 보면 이곳 영국에서도 상당한 환영을 받을 것이라고 예상합니다. 그 주제에 대해서 하늘 아래 어느 나라도 우리나라만큼 이미 그렇게 많이 이야기한 나라는 없다고 생각합니다. 그렇지만 관용에 대해서 어느 국민도 우리만큼 앞으로도 더 많이 말하고 행할 필요가 있는 국민이 없다는 것 또한 확실한 사실입니다.

　우리 정부는 종교의 문제에 대해서 여태까지 편파적이었을 뿐 아니라, 정부의 그러한 편파적 정책 아래에서 고통을 받으면서 글로써 자신들의 권리와 자유를 옹호하려고 노력해왔던 교파에 속한 사람들조차도 역시 대부분 자신들의 교파적 이익에만 적용되는 비좁은 원리에 따라 행동하는 편협한 태도를 취해왔습니다.

우리가 겪는 비참함과 혼란의 가장 주된 원인이 바로 어디서나 볼 수 있는 이러한 편협한 정신 때문이라는 것은 너무나 명백한 사실입니다. 그러나 그 원인이 어떤 것이 되었든 지금이야말로 이에 대한 철저한 처방책을 찾아야 할 가장 적기입니다. 우리는 이제 이러한 혼란 가운데서 취해온 어떤 처방책보다도 더 관대한 처방책을 필요로 합니다. 이제 효과를 발휘할 수 있는 것은 여태까지 우리 가운데 실행되었거나 계획되었던 단순한 신앙 자유령(declarations of indulgence)1)도 아니고 영국 국교회에서 비국교도를 그저 인정하는 포용주의 법령(acts of comprehension)2)들도 아닙니다. 전자는 문제를 단지 일시적으로 완화시킬 뿐이고 후자는 우리의 악행을 증가시킬 뿐입니다.

우리가 절박하게 필요로 하는 것은 절대적인 자유, 정당하고도 진정한 자유, 평등하고 불편부당한 자유입니다. 이러한 자유에 대해서 이야기는 많이 되어왔지만 제대로 이해된 적이

---

1) [역자 주] the Declaration of Indulgence : 신앙 자유령으로서 비국교도 및 가톨릭교도를 위해 Charles 2세(1672년)와 James 2세(1687년)가 선포한 선언. 이 번역문에 나오는 모든 주(註)는 역자가 한국 독자의 이해를 위해서 붙인 것으로, 원문에는 전혀 주가 없다.
2) 이것은 영국 국교회의 교리와 의식을 최소한으로 줄여서 전부는 아니지만 대부분의 비국교도들도 국가 교회에 포함되도록 하기 위한 조치다.

없었다고 생각합니다. 확신컨대 우리의 통치자들이 일반 국민들에 대해서 이러한 자유를 전혀 시행해보지 않았으며, 서로 반대 의견을 가진 국민들 사이에서도 이러한 자유는 결코 시행되어보지 못했습니다.

그러므로 나는 공공의 진정한 이익을 어느 한 부류에 속하는 이익보다 더 중요하다고 생각하는 모든 사람들이 이 글을 — 이러한 자유에 대해서 비록 짧긴 하지만 여태까지 우리가 보아온 어느 글보다 더 정확하게 논의하기 때문에 우리에게 그 정당성과 실천 가능성을 보여주는데 — 매우 시의적절하다고 높이 평가하기를 바라지 않을 수 없습니다.

내가 이 라틴어로 된 원문을 우리말로 번역하는 이유는 이미 충만한 관용의 정신을 적용하기 위해서 혹은 그 충만한 정신을 갖추지 못한 사람들을 고무시키기 위해서입니다. 번역 자체가 얼마 안 되는 분량이기 때문에 더 이상의 긴 서문은 필요하지 않다고 생각합니다. 이제 이 글을 나의 동포들에게 맡깁니다. 그리고 진심으로 나의 동포들이 이 글이 담고 있는 본래 목적대로 사용할 수 있기를 바랍니다.

윌리엄 포플(William Popple)

관용에 관한 편지

존경하는 귀하,

서로 다른 신앙 고백을 가진 기독교인 상호간에 관용을 베
푸는 것에 대해서 내가 어떻게 생각하느냐고 당신이 기꺼이
묻는 것에 대해서 나는 거리낌 없이 대답하건대, 그러한 관용
은 참된 교회가 지녀야 할 가장 중요한 특징이라고 생각합니
다. 그 이유는 다음과 같습니다. 어떤 사람들은 자신들이 예배
보는 장소와 자신들이 가진 이름이 오래되었다는 것을 자랑하
거나 겉으로 드러난 예배의 모습이 화려한 것을 자랑합니다.
그런가 하면 다른 사람들은 자신들의 계율을 개혁했다는 것에
대해서 자랑합니다. 그리고 이 모든 사람들은 자신들의 신앙이

자기 자신들에게는 정통적이라고 생각될 수밖에 없기 때문에 모두가 자기 신앙이 정통이라고 자랑합니다. 그러나 이 모든 것들은 그리고 이와 같은 성질을 지닌 그 밖의 모든 것들도 마찬가지로 그리스도의 교회의 표징이라기보다는 사람들이 서로에 대해서 힘과 절대 권력을 행사하려고 애쓰는 표징입니다. 이러한 모든 것에 대해서 어느 누가 진정으로 자랑할 만하다고 할지라도 만일 모든 사람에 대해서 심지어 기독교인이 아닌 사람들에 대해서까지 자비심, 온순함, 선의를 지니고 있지 않다면 그는 분명히 아직까지 참된 기독교인이 되었다고 말할 수 없습니다.

누가복음 22장 25절과 26절에 보면 우리의 구주 예수께서는 그 제자들에게 "이방인의 왕들은 강제적으로 백성을 지배하나 너희들은 그렇지 않을지니라"고 말씀하셨습니다. 참된 종교가 해야 할 일은 세상의 왕들이 하는 일과는 전혀 다른 것입니다. 교회란 외적으로 화려함을 보여주기 위해 세워진 것도 아니고 세상에 대한 지배를 확보하기 위한 것도 아니며 또한 무력을 행사하기 위해 세워진 것도 아닙니다. 교회란 덕과 경건의 규칙에 따라 사람들의 삶을 규정하기 위해 만들어진 것입니다. 그러므로 그리스도의 깃발 아래 모인 사람들은 누구나 무엇보다도 먼저 자신들의 욕정과 사악함과 싸워야만 합니다. 어느 누구도 거룩한 삶, 정결한 예절 그리고 자비롭고 온유한 영혼을 갖지 않고 기독교인이란 이름을 부당하게 사용해봐야 아무 소용이 없습니다. 디모데후서 2장 19절을 보면 다음과 같이 기록되어 있습니다. "그리스도의 이름을 부르는 자마다 불의에서 떠날지어다." 또한 누가복음 22장 32절에서 우리의 주님은 베드로에게 다음과 같이 말씀하셨습니다. "그러니 네가 나에게 다시 돌아오거든 형제들에게 힘이 되어다오." 실로 자기 자신의 구원에 대해 부주의한 사람이 나에게 내 구원에 대해서 매우 걱정한다고 해서 내가 설득당하겠습니까? 자신의 마음에 기독교라는 종교를 진정으로 받아들이지 않는 사람이 다른 사람들을 기독교인으로 만들려고 진지하게 그리고 진심으로 노력한다는 것은 불가능한 일이기 때문입니다. 만일 우리가 복음과 사도들의 말을 믿는다면 어느 누구도 자비심을 갖지 않고서 또한 무력으로가 아니라 사랑으로 그 효험을 발생하는 신앙을 갖지 않고서 기독교인이 되는 일이란 있을 수가 없습니다. 이제 나는 종교의 명분으로 다른 사람들을 박해하고 고문하고 파괴하고 심지어는 죽이는—비록 그들이 그런 일을 다른 사람들에 대한 우정과 친절 때문에 그렇게 한다고 말할지라도—사람들의 양심에 호소합니다. 나는 그들이 다음과 같은 일들을 하는 것을 보는 경우라면 그들이 우정과 친절 때문에 그렇게 한다고 믿을 수 있을 것입니다. 만일 저 불같은 열성분자들이 그들의 친구들과 또한 그들이 친숙하게 알고 있는 사람들이 복음의 교훈에 거역해서 명백한 죄를 지을 때 그들을 교정하려는 것을 볼 경우에. 그리고 자신과 같은 신앙을 가진 교우들 중에서 엄청난 악덕으로 물들고 개선의 여지없이 영원한 지옥으로 떨어지려는 교우들을 불과 칼에다 고발하는 것을 볼 경우에. 그러나 불같은 열성분자들이 자신들의 교우들에게 고문을 가하고 모든 방법을 동원해서 잔인한 행동을 하는 것이 그들의 영혼을 사랑하고 구원해주려는 열망을 표현하는 것이라고 말하면 그것이 어떻게 우정과 친절 때문에 하는 일이라고 볼 수 있겠습니까? 만일 그들이 평계를 대는 대로 자비의 원칙에서 그리고 사람들의 영혼을 사랑해서 사람들에게서 재산을 빼앗고, 신체에 처벌을 가함으로써 불구로 만들고 구역질나는 감방에서 굶기고 고문하며 급기야는 생명을 앗아간다면, 다시 말해서 이 모든 일을 행하는 이유가 단지 사람들을 기독교인으로 만들기 위해서 그리고 그들의 구원을 확보하기 위한 것이라면서, 왜 그들은 로마서 1장에서 사도바울이 말하는 분명히 이교적인 부패의 냄새가 나는 매춘·사기·적의 그리고 그와 같은 극악한 일들이 그들의 양떼와 백성들 사이에 판을 치도록 또한 차고 넘치도록 내버려둡니까? 이러한 것들 그리고 이와 유사한 것들은 흠 없는 생활을 하지만 교회의 결정에 대해서 양심으로부터 찬성하지 않거나 공공의 예배로부터 분리되어나가는 것보다는 분명히 더 하나님의 영광에 반대되는 것입니다. 그런데도 하나님에 대해서, 교회에 대해서 그리고 영혼의 구원에 대해서 갖는 이 불타는—글자 그대로 불과 장작단으로 불타는—열정을 가진 사람들은 어떠한 징계도 받지 않고 모든 사람들이 기독교 신앙 고백에 정반대된다고 생각하는 도덕적 악덕과 사악함을 우습게 알면서 교회의 의식(儀式)을 도입하고 이런저런 교리를—대부분의 경우에 매우 복잡하고 보통 사람들의 이해력을 넘어서는 교리 — 세우는 데 신경을 곤두세우고 있습니다. 그러나 자신의 양심에 따라서 공적 교회의 주장이나 예배를 따르지 않는 사람들과 이들을 구원하겠다고 갖가지 폭력적 수단을 동원하는 사람들 중에 어느 쪽이 옳은가요? 어느 쪽이 분열과 이단에 대해서 책임이 있는가요? 권력을 휘두르는 쪽인가요? 고통을 당하는 쪽인가요? 이러한 모든 문제들은 그들의 분열의 원인에 대해서 심판받게 되는 날에 마침내 분명해질 것입니다. 불가피하게 자신의 부모를 떠나야 하고, 공공의 집회와 국가가 시행하는 의식(儀式)에는 참여하지 않지만 그리스도를 따르고 자신의 신앙을 품고 자신의 명에를 짊어지는 사람은 그 밖에 더 누구를 혹은 어떤 것을 포기하든 틀림없이 이단자로 심판받지 않을 것입니다.

교파 간의 분열이 영혼의 구원에 매우 방해가 된다는 사실을 인정하지만 또한 '불륜·간음·부정함·음탕함·우상 숭배 그리고 그와 같은 것들은 육체의 일에 속하는 것'을 부정할 수 없습니다. 이에 관해서 사도 바울은 갈라디아서 5장 21절에서 '이 같은 일을 행하는 자들은 하나님의 왕국을 상속받지 못한다'고 명백히 선언했습니다. 그러므로 하나님의 왕국에 대해서 진지하게 염려하고 인간 사회에서 하나님의 왕국의 확장을 위해서 노력하는 것을 자신의 의무라고 생각하는 사람들은 누구나 교파의 분열을 없애는 것에 힘쓰는 것 못지않게 이러한 부도덕한 행위들을 뿌리 뽑는 데 정성을 다해야 합니다. 그러나 만일 누구라도 이와 같이 행하지 않고 자신과 견해가 다르다고 다른 사람들을 잔인하고 무자비하게 대한다면, 그리고 기독교인이라는 이름에 어울리지 않는 극악한 행위와 부도덕한 행위에 대해 눈을 감는다면, 그가 아무리 교회에 대해서 많은 것을 이야기한다 할지라도 그의 행동을 통해서 볼 때, 명백히 입증되는 사실은 그가 바라는 것이 하나님의 왕국의 도래가 아닌 다른 왕국의 도래라는 것입니다.

어느 누구라도 다른 사람을 — 진심으로 그 사람의 구원을 바라면서 — 고문으로 숨을 거두게 하는 것이 그것도 심지어 개종되지 않은 채로 죽게 하는 것이 잘못이 아니라고 생각하는 것은 나로서는 도저히 이해할 수 없는 일입니다. 그리고 어떤 누구도 그것을 정상적인 행동이라 생각하지 않을 것입니다. 누구도 그와 같은 행동이 자비심이나 사랑이나 선의에서 비롯되었다고 믿지 않을 게 분명합니다. 만일 사람들이 자신들의 도덕적 원칙과는 상관없이 어떤 특정한 교리를 불이나 칼의 위협을 통해서라도 억지로 고백해야 하며 이런저런 외적인 예배에 순응해야 한다고 주장하는 사람이 있다면, 즉 자신들의 신앙에 비추어서 잘못되어 있다고 생각하는 사람들에게 자신들이 믿지 않는 것들을 억지로 신앙 고백하도록 하면서도 그들이 복음이 허락하지 않는 일들을 실행하는 것을 허용함으로써 그들의 신앙을 개종하려고 애쓰는 사람이 있다면, 실로 그런 사람은 수많은 회중들이 자기와 같은 신앙 고백을 하게끔 원하는 것이 틀림없으며, 결국 그가 그러한 수단을 통하여 진정한 그리스도의 교회를 세우겠다는 의도는 전혀 믿을 바가 못 된다고 봅니다. 그러므로 진심으로 참된 종교의 도래와 그리스도의 교회의 도래를 위해서 싸우지 않는 사람들이 기독교인의 전쟁에서 사용하지 않는 무기를 사용하는 것은 별로 놀랄 일이 아닙니다. 만일 그들이 우리의 구원의 선장인 예수님과 같이 진정으로 선한 영혼을 바란다면 평화의 왕자이신 예수님의 발자국을 밟을 것이고 그의 완전한 본을 따를 것입니다. 그리스도가 세상을 정복하고 세상 사람들을 자신의 교회로 불러 모으기 위해서 그의 군인들을 세상에 내보낼 때 그들을 칼이나 다른 폭력적 도구가 아니고 평화의 복음과 본이 될 수 있는 거룩한 대화로 무장시켜서 내보냈습니다. 이것이 바로 그의 방법이었습니다. 만일 불신자들이 폭력으로 개심될 수 있었고 무지하고 완고한 자들이 무장 군인에 의해서 그들의 오류로부터 벗어 나오게 할 수 있었더라면, 교회에 속한 어떤 사람이 강력한 힘을 가지고 세상에서 가장 강력한 용기병을 데리고 그 일을 하는 것보다는 그리스도가 직접 하늘의 군대를 데리고 하는 것이 훨씬 더 쉬웠으리라는 것은 분명한 사실이 아니었겠습니까?

종교 문제에 대해 다른 견해를 가진 사람들에게 관용을 베푸는 것은 예수 그리스도의 복음에도 그리고 인간의 순수한 이성에도 아주 들어맞는 일입니다. 그러므로 내 생각에는 관용의 필연성과 관용이 갖고 있는 이점을 인식하지 못할 정도로 우둔한 사람이 있다면 참 어처구니없는 일입니다. 나는 여기에서 어떤 사람들이 갖고 있는 자만심과 야망을 비난하려는 것도 아니고 또한 다른 사람들이 갖고 있는 무자비한 열의를 비난하려는 것도 아닙니다. 이러한 것들은 인간사에서 아마도 좀처럼 완전히 벗어날 수 없는 결점들입니다. 그래서 사람들은 이런 것으로 비난을 받을 때마다 그럴 듯한 변명을 둘러댑니다. 그리고 가끔씩 일어나는 열정에 휩싸일 동안에는 그런 일로 칭찬까지 받을 것을 요구합니다. 그래서 어떤 사람들은 다른 교파의 사람들을 비기독교적인 잔인함을 가지고 박해할 때 공공의 복지를 돌본다는 핑계와 법을 준수한다는 핑계를 댑니다. 그리고 또 다른 사람들은 종교의 미명 아래 자신들의 방종과 부도덕함을 처벌받지 않으려고 합니다. 한마디로 이 사람들은 왕에 대한 충성과 순종을 핑계대면서 혹은 하나님에 대한 예배에 대한 애정과 진지함을 핑계대면서 자기 자신들이나 다른 사람들을 속이는 일을 하는 것입니다. 그러므로 나는 무엇보다도 먼저 시민 정부의 일과 종교의 일을 정확하게 구별해서 이 둘 사이에 올바른 경계선을 긋는 일이 필요하다고 생각합니다. 만일 이런 구별과 경계선을 긋는 일이 이루어지지 않는다면, 인간의 영혼을 이롭게 하는 데 관심을 가지고 있거나 적어도 그런 주장을 하는 사람들과, 국가를 돌보는 데 관심을 가지고 있거나 적어도 그렇게 주장하는 사람들 사이에서 일어나는 분쟁들이 그칠 날이 없을 것입니다.

내가 보기에 국가는 오로지 시민들 자신의 이익을 확보하고 보존하고 그리고 향상시키기 위해서 구성된 사회입니다.

내가 시민의 이익이라고 하는 것은 생명·자유·건강·신

체의 편안함, 그리고 돈·토지·가옥·가구 등과 같은 외적인 것들의 소유를 말합니다. 평등한 법을 공정하게 시행함으로써 전체 시민들 그리고 시민 각자가 이 세상에 살면서 정당하게 소유하고 있는 것들을 안전하게 지켜주는 것이 시민 통치자 (civil magistrate)[3]의 의무입니다. 만일 누군가가 이러한 소유물들을 보존하도록 만들어진 정의롭고 공정한 공공의 법을 지키지 않는다면, 그 사람은 위에서 말한 시민적 이익, 즉 시민의 소유물을 — 법을 지킨다면 그는 이것을 충분히 즐길 수 있고 또한 즐겨야만 하는 것입니다 — 박탈당하거나 축소당하는 처벌을 받게 됩니다. 그러나 자신의 자유나 생명을 박탈당하는 것은 말할 것도 없고, 자신의 소유물을 조금이라도 박탈당하는 처벌을 묵묵히 허용할 사람은 아무도 없기 때문에 통치자는 다른 사람의 권리를 해치는 사람들을 처벌하기 위해서 시민들이 부여한 권력과 힘으로 무장하는 것입니다.

통치자의 전체 관할 영역은 단지 이러한 시민적 이익에 국한되기 때문에, 즉 통치자가 갖고 있는 권한과 권리 그리고 통치권은 단지 이러한 것들을 향상시키고 돌보는 것에 제한되고 국한되기 때문에 통치자의 관할 영역은 어떤 식으로든 영혼의 구원에까지 확장될 수도 없고 되어서도 안 됩니다. 그 이유는 다음의 사항들을 고려해보면 충분히 입증될 수 있다고 나는

---

3) magistrate는 본래 사법권을 가진 행정 장관이나 지사, 시장 혹은 치안 판사 (justice of the peace나 police court의 판사 등)를 말하나, 여기서는 전체 문맥상 시민 정부의 대표로서 '통치자'로 번역한다.

생각합니다.

첫째로, 영혼을 돌보는 일은 다른 사람에게 맡겨져 있지 않듯이 통치자에게도 맡겨진 것이 아닙니다. 하나님은 결코 통치자에게 그 일을 맡기지 않았습니다. 왜냐하면 하나님은 어떤 개인의 종교 문제에 대해서 그것을 강요하는 권한 따위를 누구에게도 주었다고 볼 수 없기 때문입니다. 또한 시민들의 동의에 의하여 그러한 권한이 통치자에게 부여될 수도 없습니다. 왜냐하면 어느 누구도 어떤 신앙 혹은 어떤 예배를 택해야 하느냐는 선택의 문제를 왕이든 어떤 다른 사람이든 남들에게 맡길 정도로 소홀하지는 않을 것이기 때문입니다. 그것은 어느 누구도 자신의 신앙을 다른 사람의 양심의 명령에 따르도록 할 수가 없기 때문입니다. 참된 종교가 갖고 있는 모든 생명력과 힘은 정신의 내적이고도 충분한 확신 안에 존재합니다. 왜냐하면 믿음이 없는 신앙은 신앙이 아니기 때문입니다. 우리가 어떤 신앙 고백을 하든, 우리가 겉으로 어떤 예배의 형식을 좇든, 만일 우리가 우리 자신의 마음에서 우리의 신앙 고백이 진실한 것이며 우리의 예배가 하나님에게 만족스러운 것이라고 충분히 확신하지 않으면 그와 같은 신앙 고백과 예배는 우리의 구원을 돕기는커녕 실로 장애물이 됩니다. 왜냐하면 우리가 생각하기를, 하나님이 보시기에 불만족스러울 것이라는 예배를 전능하신 하나님에게 드리면, 종교 생활을 함으로써 다른 죄들을 속죄하기는커녕 오히려 기존의 우리의 죄에다 위선의 죄와 지존한 하나님을 모욕하는 죄까지 덧붙이게 되는 꼴이 됩니다.

두 번째로, 시민의 통치자의 권력은 단지 외적인 힘에 있기 때문에 영혼을 돌보는 일은 그에게 속할 수가 없습니다. 그러나 참된 구원의 종교의 힘은 정신의 내적인 확신에 있습니다. 그것이 없다면 하나님은 그 어느 것도 받아들일 수가 없습니다. 믿음과 관련이 있는 우리의 오성(悟性)4)의 본성이란 본래 외적인 강제력에 의해서 어떤 것을 믿도록 되어 있지 않습니다. 재산의 몰수 · 투옥 · 고문 그리고 이런 성질을 갖고 있는 어떤 행위도 사람들이 사물들에 대해서 가지고 있는 내적인 판단을 바꿀 정도의 효력을 지닐 수가 없습니다.

물론 통치자가 논증을 통해서 이단자들을 진리의 길로 이끌어 그들의 구원을 확보해줄 수 있다고 주장할 수도 있습니다. 나도 그렇다고 인정할 수 있습니다. 그러나 이것은 통치자에게 만 가능한 일이 아니라 다른 일반 사람들에게도 모두 적용되는 일입니다. 통치자가 가르치고 교육하고 그리고 잘못된 자들을 이성을 가지고 교정하면, 그는 분명히 어떤 선한 사람이라도 할 수 있는 일을 하는 것입니다. 통치한다는 일은 결코 인간성을 버리거나 기독교를 포기해야 한다고 강요하지 않습니다. 그러나 설득한다는 일과 명령한다는 일은 전혀 별개입니다. 설득한다는 것은 논증으로써 압박을 가하는 것이고, 명령한다는 것은 처벌로써 압력을 가한다는 것입니다. 시민 정부가 갖고 있는 힘만이 처벌을 행할 권리를 갖고 있습니다. 설득을

---

4) ① 지성이나 사고 능력. ② 감성 및 이성과 구별되는 지력(知力).

할 때는 선의(善意)가 충분한 권위를 갖습니다. 모든 사람들은 잘못이 있는 사람들에 대해서 훈계하고 권고하고 납득시키고 이성적으로 설득함으로써 진리로 인도할 임무가 주어져 있습니다. 그러나 법을 집행하고 사람들의 법에 대한 순응을 살피고 그리고 때로는 칼(힘, 무력)로써 강요하는 것은 통치자 말고는 그 누구에게도 속하는 일이 아닙니다. 이러한 근거 아래에서 나는 확신컨대, 통치자의 힘은 법의 강제력을 통해서 어떤 신앙 조항이나 예배의 형태를 만드는 일에까지 확장되지 않습니다. 왜냐하면 법이란 처벌하는 힘이 없이는 전혀 강제력을 갖지 못하기 때문이며, 신앙이나 예배의 경우에 형벌이라는 것은 절대적으로 적절치 못한 것이기 때문입니다. 즉, 형벌이란 정신을 설득하기에는 적절한 것이 못 되기 때문입니다. 이미 이야기한 대로 신앙의 어떤 조항을 고백하는 것도 그리고 어떠한 형식의 예배에 따르는 일도, 그 신앙 고백을 하는 사람들이 철저하게 그 신앙 조항이 진리라고 철저하게 믿지 않는다면, 그리고 그 예배에 참여하는 사람들이 그 예배가 하나님에게 받아들여지고 있다고 확고하게 믿지 않는다면, 그것들은 영혼의 구원에 아무 소용이 되지 못합니다. 형벌을 가하는 것은 이러한 성질을 가진 믿음을 결코 낳을 수가 없습니다. 인간이 갖고 있는 견해에 변화를 일으킬 수 있는 것은 단지 빛과 증거뿐입니다. 그리고 그 빛은 신체의 고통이나 어떤 다른 외적인 형벌로부터 결코 유래하지 않습니다.

셋째로, 인간 영혼의 구원을 돌보는 일은 통치자의 일에 속할 수가 없습니다. 왜냐하면 엄격한 법과 형벌의 힘으로 사람들의 정신에 확신을 불어넣고 그들의 정신을 변화시킨다 해도 그것은 그들의 영혼의 구원에는 전혀 도움이 되지 않을 것이기 때문입니다. 형벌을 가함으로써 영혼의 구원을 주장하는 통치자들은 단 하나의 진리만이 있고 천국에 이르는 길은 단 하나일 뿐이라고 주장하면서 바로 자신들이 믿고 있는 종교가 그것이라고 주장합니다. 그러나 사람들이 통치자의 종교만을 따르는 길 외에 다른 방도가 없으며 자신들의 이성의 빛을 포기하고 자신들의 양심의 명령을 따르지 못하고 그들이 태어난 나라에서 무지와 야망과 미신에 의해서 어쩌다 정해진 종교를 따를 수밖에 없다면, 도대체 그 외의 다른 데서 태어난 더 많은 사람들이 진리와 천국에 이르는 길로 인도될 희망이 있습니까? 종교에 대한 견해가 다양하고 서로 모순인 이 세상 가운데서 세상의 통치자들은 그들의 세속적 이해가 서로 엇갈린 만큼이나 종교에서도 그들의 견해가 다양하고 서로 모순이기 때문에 통치자의 종교를 따르는 것만이 진리에 이르는 길이라면, 진리에 이르는 길은 훨씬 더 협소해지게 됩니다. 오직 한 나라만의 종교가 옳다면 통치자의 종교만 따라야 하는 의무를 지닌 세상의 나머지 나라 사람들은 모두 파멸의 길로 접어들 수밖에 없을 것입니다. 결국 사람들의 영원한 행복이나 비참함은 그가 어느 나라에 태어났느냐에 좌우되게 됩니다. 이것은 전혀 어처구니없는 일이고 신에 대한 관념과도 들어맞지 않습니다.
  이 세 가지 이유 말고도 다른 이유들도 있지만, 이 세 가지 이유만으로도 시민 정부가 갖고 있는 모든 힘은 인간들의 시민적 이해 관계에만 관련되어 있고, 이 세상의 일을 돌보는 데 국한되어 있으며, 따라서 다가올 저 세상과는 아무런 관련이 없다고 결론을 내리기에 충분하다고 생각합니다.

이제 교회라는 것이 무엇인지 생각해봅시다. 내가 생각하기에 교회란 하나님에게 공적으로 예배드리기 위한 목적으로 그 구성원들이 판단해볼 때 하나님이 받아들일 것이며 자신들의 영혼 구원에 적절하다고 여기는 방식으로 스스로 함께 모인 사람들의 자발적인 사회입니다.

분명히 교회는 자유롭고도 자발적인 사회입니다. 어느 누구도 태어나면서부터 어떠한 교회의 구성원으로 정해져 있는 것이 아닙니다. 그렇지 않다면 부모가 갖고 있는 종교는 속세의 재산과 똑같은 상속권에 의해서 자식에게 전수될 것입니다. 그리고 모든 사람들이 자신의 토지 보유권을 가지고 있듯이 자신의 신앙을 갖게 될 것입니다. 그러나 이보다 어처구니없는 일을 상상할 수는 없을 것입니다. 어느 누구도 특정 교회나 분파에 소속되어서 태어나지 않았습니다. 모든 사람들은 하나님이 진정으로 받아들일 수 있다고 믿는 신앙 고백과 예배를 발견했다고 믿는 사회 집단에 자기가 직접 자발적으로 참여합니다. 구원에 대한 희망만이 사람들이 그 집단에 들어간 유일한 이유며 또한 그가 거기에 머무를 유일한 이유가 되는 것이기도 합니다. 따라서 그렇기 때문에 만일 나중에 어떤 사람이 교회의 교리에서 틀린 점을 발견하거나 그곳의 예배가 자기의 맘에 맞지 않는다고 하면 그는 그곳에 자신의 자유로운 의사로 참여했던 것처럼 또한 그렇게 마음대로 나올 수도 있는 것입니다. 종교 사회의 구성원을 그곳에 묶어놓을 수 있는 것은 영생에 대한 기대감 외에 그 무엇도 아닙니다. 그러므로 교회란 이러한 목적을 위해서 자발적으로 뭉친 구성원들이 이룬 사회입니다.

이제 교회에 대해서 이러한 정의를 내리게 되면 우리는 이러한 교회가 갖고 있는 힘이 무엇이며 이러한 교회는 어떤 법에 종속되는가 하는 문제를 생각해보지 않을 수 없습니다.

어떤 사회나 교회나 집단도 그것이 아무리 자유롭게 구성되어 있다고 해도 혹은 어떤 중요한 목적을 지니고 있지 않더라도, (그것이 학식을 얻기 위한 철학자들의 모임이든, 장사하기 위한 상인의 모임이든 혹은 여가를 즐기기 위해서 서로 담소를 나누기 위한 모임이든) 만일 어떤 법에 의해서 통제받지 않는다면, 그리고 모든 구성원들이 어떤 형태의 질서든 그것을 다 같이 지키기로 동의하지 않는다면, 그러한 사회는 존속하거나 함께 모일 수가 없으며 곧 해체되고 산산조각이 날 것입니다. 같이 만나는 장소와 시간에 대해서 다 같이 동의가 이루어져야만 합니다. 임원을 뽑는 일, 일이 정기적으로 이루어지도록 하는 일 등은 모임을 유지하기 위해서 빼놓을 수 없는 일입니다. 이미 설명한 대로 구성원들이 함께 모여 교회라는 사회를 만드는 것은 완전히 자유롭고도 자발적인 것이기 때문에 그 교회의 법을 만들 권리는 그 교회 사회 자체에 있거나, 이것과 마찬가지의 효과를 발휘하는 것으로써, 적어도 그 사회의 공동의 동의에 의해서 권한을 부여받은 사람들에게 있는 것입니다.

아마도 어떤 이들은 어떤 교회도 만일 그 안에 사도 자신들로부터 비롯되어서 현재까지 끊임없이 전해 내려온 지배적 권위를 가진 주교나 사제가 없다면 참된 교회라고 말할 수 없다고 이의를 제기할 것입니다.

이와 같이 말하는 사람들에게 나는 다음의 세 가지를 이야기하고 싶습니다. 우선 첫째로, 나는 위와 같이 주장하는 사람들에게 그리스도가 그러한 법을 그의 교회에다가 부과한 명령을 한 적이 있는지를 보여줄 것을 요구합니다. 그런데 나는 이와 같이 중요한 명령에 사용되는 용어들은 매우 명백하고 분명해야 한다고 생각합니다. 왜냐하면 마태복음 18장 20절에 예수님이 우리들에게 하신 명백하고도 분명한 약속을 보면, "누구든지 두 사람이 내 이름으로 모인 곳에는 나도 그들 중에 있느니라"고 되어 있는데, 이 약속을 보면 위와 같은 사람들의 주장과는 전혀 반대되는 것 같기 때문입니다. 이와 같이 예수님의 이름으로 모인 모임에 참된 교회가 되기 위해서 혹시라도 필요한 무엇이 빠져 있는지 곰곰이 생각해보시기 바랍니다. 나는 확신컨대 거기에는 교회의 목적인 영혼의 구원에 필요한 어떤 것도 빠져 있다고 생각하지 않습니다.

둘째로, 신성한 제도와 교회 지도자들의 서열이 계속 이어서 내려와야 한다고 강력하게 주장하는 사람들 사이에서도 얼마나 심한 분열이 있어왔는가를 깊이 관찰해보시기 바랍니다. 이제 그들 사이에서 일어나는 불일치 때문에 우리는 여러 분파를 불가피하게 숙고하지 않을 수 없으며 따라서 우리에게는 우리가 선호하는 쪽을 선택할 자유가 주어진 것입니다.

마지막으로, 만일 나의 영혼의 구원에 필요한 것들을 발견할 수 있다고 확신하는 교회에 내가 마음대로 참여할 수 있는 자유가 주어지기만 한다면, 긴 일련의 상속을 통해서 수립되었다는 교회의 지도자들을 가지고 있다는 그들의 주장에 동의할 수도 있습니다. 이런 방식으로 하면 어느 곳에든지 교회의 자유는 보존될 것입니다. 그리고 교회 문제에 관한 한 어느 누구도 자신이 선택한 사람 말고는 자신에게 법을 부과할 사람은 없습니다.

그러나 참된 교회에 대해서 매우 진지하게 생각하는 사람들이 있기 때문에 나는 그들에게 다음과 같이 이야기하고 싶습니다. 교회의 성립 조건으로 『성경』에서 성령이 명백히 선언한 것만을 구원에 필요한 것으로 만드는 것이 그리스도의 교회에 더 적합하다고 생각하지 않습니까. 이렇게 하는 것이 사람들이 자기 자신이 만들고 해석한 것을 마치 신적인 권위를 가진 것처럼 다른 사람들에게 강요하는 것보다 그리스도의 교회에 더 적합하고, 또한 그들이 기독교의 신앙 고백에 절대적으로 필요한 것으로 생각하는 교회법을 통해서 『성경』이 언급하지도 않았거나 적어도 명백하게 명령하지도 않은 것들을 만드는 것보다 그리스도의 교회에 더 적합하지 않느냐고 이야기하고 싶습니다. 영원한 생명을 위해서 그리스도가 요구하지 않은 것들을 교회의 성찬에 요구하는 사람은 누구든지 사실은 교회를 자신의 입맛에 맞도록 바꾸어놓은 것이며, 자신의 이익에 부합하도록 만들어놓은 것이라고 볼 수 있습니다. 우리가 어떻게 그리스도에 속하지 않는 법 위에 세워져 있는 교회를, 그리고 그리스도가 미래 어느 날인가 하늘의 왕국으로 맞아들일 사람들을 자신들의 교파로부터 배제하는 교회를 그리스도의 교회라고 부를 수가 있겠습니까. 이러한 일을 나로서는 도저히 이해할 수 없습니다. 그러나 지금 여기에서는 참된 교회의 징표가 무엇인지를 알아보는 적절한 곳이 아니기 때문에 자기 자신들의 교회의 명령만을 열심히 주장하고 끊임없이 시끄럽게 '교회', '교회'를 외치는 사람들 — 아마도 이들은 에페수스(Ephesus)[5] 의 은세공인(銀細工人. silversmith)들이 자신들의 여신인 다이애나(Diana)[6] 신을 부르짖었던 것과 같은 차원이라고 볼 수

---

5) 에페수스(Ephesus) : 우리말 『성경』에는 '에베소' 혹은 '에페소'로 번역되어 있다. 고대 그리스의 항구 도시였으며, 지금은 터키의 소아시아 반도 서쪽 기슭 이즈미르 남쪽에 있으며, 세계 7대 불가사의의 하나인 아르테미스(다이애나) 신전이 있다.

6) 로마 신화에 나오는 달의 여신으로서 처녀성과 사냥의 수호신이다. 그리스 신화에서는 아르테미스(Artemis) 신에 해당한다. 현재의 『성경』을 보면 아르테미스로 나와 있는 것을 볼 때, 원래 로크가 이 『관용에 관한 편지』를 라틴어로 쓸 때 로마 신화에 나오는 이름으로 Diana를 쓰지 않았나 추정해본다.

사도행전 19장 23절부터 41절까지를 보면, 사도 바울이 에페수스의 많은 사람들을 전도함으로써 그곳의 신인 아르테미스 숭배를 중단하였기 때문에, 은으로 아르테미스 여신의 신당 모형을 만들어 팔던 은세공인인 데메드리오(Demetrius)는 동료 장인들에게 바울의 전파 활동이 그들의 직업에 위협이 될 뿐 아니라 아르테미스의 숭배까지도 위협하는 것이라고 지적하였다. 격분한 은세공인들

있습니다 — 만을 염두에 두고 이야기합니다. 나는 이 사람들에게 다음과 같은 사항을 상기시키고 싶습니다. 복음은 그리스도의 진정한 제자들이 박해를 받아야 한다고 종종 선언합니다. 그러나 나는 신약성경 어디에서도 그리스도의 교회는 다른 사람들을 박해해야 하며 불과 칼로써 교회의 신앙과 교리를 받아들이도록 강요해야 한다는 구절을 찾아볼 수 없습니다.

종교 사회의 목적은 이미 언급한 대로, 하나님에 대한 공적인 예배며 그러한 수단을 통해서 영원한 생명을 얻는 것입니다. 그러므로 모든 종교적 계율은 그러한 목적을 이루기 위한 것이며 모든 교회의 법은 그것에 국한되어야 합니다. 이 종교 사회에서는 시민으로서 갖게 되는 세속적인 재산의 소유와 관련된 어떠한 것도 처리되는 일은 있어서도 안 되고 있을 수도 없습니다. 여기에서는 어떠한 경우에도 무력이 사용되어서는 안 됩니다. 왜냐하면 무력은 전적으로 시민의 통치자에게 속한 것이며 모든 외적인 재산의 소유는 통치자의 관할 영역에 속하기 때문입니다.

그러나 우리는 다음과 같은 질문을 할 수 있습니다. 만일 교회법이 어떠한 무력을 지닐 수 없다면 교회법은 어떤 수단으로 그 효과를 발휘할 수 있는가. 내 생각으로는 교회법은 반드시 그것이 지닌 성격에 맞는 수단에 의해서 그 효과를 발휘할

은 "위대하다, 에베소 사람의 아르테미스여!"(사도행전 19장 28절) 하고 아우성쳐서 온 도시에 큰 소란이 일어나게 되었다. 이 일은 약 2만 5000명의 관객을 수용할 수 있는 극장에서 벌어진 두 시간에 걸친 소요로 극에 달하게 되었다.

수 있습니다. 그런데 마음의 철저한 확신과 시인으로부터 나온 것이 아닌 겉으로의 고백과 언명은 그 수단으로서 전혀 소용이 없으며 도움이 되지 않습니다. 이 사회의 구성원들이 그들의 의무 안에서 가질 수 있는 무기는 권고나 훈계 그리고 충고입니다. 만일 이러한 수단으로도 교회법을 어기는 자가 교화되지 않고 또 그 잘못이 확인되면, 그와 같이 완고하고 고집불통인 사람들은 교화될 희망을 전혀 보여주지 않기 때문에 그 사회로부터 추방되어서 분리되는 수밖에 없습니다. 이것이 교회의 권위에서 나오는 최종적이자 최대의 강제력입니다. 그러한 처벌로 인해서 몸과 그 지체(肢體)의 관계가 끊어졌기 때문에 추방당한 사람은 이제는 그 교회의 일원이 아닌 것입니다. 그런데 그에게는 이러한 처벌 이외에는 어떠한 처벌도 가해질 수 없습니다.

교회의 목적과 교회법에 대한 설명은 이만큼 하기로 하고 다음으로 관용의 의무를 얼마만큼 확대시킬 것이며 그것으로 인해서 우리 모두에게 요구되는 것이 무엇인가를 알아보겠습니다.

첫째로, 어떤 교회도 교회법을 어긴 자에게 충고를 주었음에도 불구하고 계속해서 고집 세게 교회의 법을 어기는 사람을 교회의 품에 안아줄 관용의 의무를 짊어지지 않습니다. 왜냐하면 교회법은 성찬(聖餐)을 구성하는 조건이 되고 그 사회를 묶어주는 것으로서, 만일 교회법을 어겨도 어떠한 힐책을 받지 않는다면 그 사회는 즉시 그것 때문에 해체될 것이기 때문입니다. 그러나 그럼에도 불구하고 그러한 모든 경우에도 다음과 같은 배려가 취해져야 합니다. 파문의 선고와 파문을 집행할 때 파문당하는 사람이 신체나 재산의 어떤 손상을 입을 수 있는 거친 말이나 행동을 취해서는 안 됩니다. 왜냐하면 이미 자주 언급되었듯이, 모든 무력은 통치자에게만 속한 것이고 어떠한 개인도 부당한 폭력에 대한 자기 방어를 할 경우를 제외하고는 어느 때도 무력을 사용할 수 없기 때문입니다. 교회의 파문이란 파문당하는 사람에게서 그가 시민으로서 전에 소유했던 재산을 조금도 빼앗거나 또 빼앗을 수도 없는 것입니다. 그러한 모든 것들은 시민 정부에 속하는 것이며 따라서 통치자의 보호 아래 놓이게 되는 것입니다. 파문이 갖고 있는 힘이란 전적으로 다음과 같은 것일 뿐입니다. 즉, 그 사회가 구성될 때 생겼던 몸과 그 지체와 같은 결합의 관계가 이제는 해체되어버리는 것이며 그 관계가 끊어짐으로써 그 사회가 구성원에게 준 시민적인 권리가 아닌 어떤 특정한 권리에의 참여, 예를 들어 성찬에서 성체(聖體)를 받는 권리에의 참여가 이제는 끝나버릴 뿐입니다. 교회의 성직자가 주의 최후의 만찬식에서 파문당한 사람에게 빵과 포도주를 주지 않는다고 해서 — 그 빵과 포도주는 그의 돈으로 산 것이 아니라 다른 사람들의 돈으로 산 것입니다 — 시민으로서의 그에게 어떠한 피해도 주는 것은 아닙니다.

　둘째로, 어떤 개인도 다른 사람이 자기와 다른 교회나 종교에 속한다고 그가 즐길 수 있는 시민적 권리를 결코 침해할 권리가 없습니다. 인간으로서 혹은 공민(公民)으로서 그에게 속한 모든 권리와 시민권은 신성하게 보존되어야 합니다. 이러한 것들은 종교가 맡은 일이 아닙니다. 그가 기독교인이든 이교도든 그에게 어떠한 폭력도 상해(傷害)도 가해져서는 안 됩니다. 그런데 우리는 겨우 정의(正義)를 지키는 정도의 협소한 조치를 취하는 것으로 만족해서는 안 됩니다. 즉, 자비로움과 박애 그리고 관대함이 거기에 보태져야 합니다. 이것은 복음이 우리에게 명령하는 것이고, 우리의 이성이 지시하는 바이고, 또한 우리가 태어날 때부터 우리에게 부여된, 사람에 대한 우애심이 우리에게 요구하는 것입니다. 만일 어떤 사람이 바르게 살지 못하는 우를 범한다면 그것은 그 자신에게 불운한 것이지 당신에게 해가 되는 것은 아닙니다. 그러므로 그가 앞으로 다가올 저승에서 비참하게 될 것이라고 당신이 생각한다고 해서 이승에서의 일에 대해서 그를 처벌해서는 안 됩니다.

서로 다른 종교를 가진 개인 간의 이러한 상호 관용은 다른 교회들 간의 관용에도 똑같이 적용된다고 생각합니다. 개인들 사이의 관계는 교회들 사이의 관계와 마찬가지라고 생각하기 때문입니다. 개인 간의 관계가 그러하듯이 한 교회가 다른 교회에 대해서 사법적 권한을 가질 수 없습니다. 그리고 종종 일어나는 일이지만, 시민의 통치자가 어떤 교회에 속했다고 해서 그 교회가 다른 교회에 대해서 사법적 권한을 가지는 것도 아닙니다. 왜냐하면 시민 정부는 그 교회에 새로운 권리를 줄 수도 없고, 또한 그 교회도 시민 정부에 대해서 그럴 수 없습니다. 그러므로 통치자가 어떤 교회에 가입하든 탈퇴하든 그 교회는 항상 전과 마찬가지로 자유롭고도 자발적인 사회입니다. 통치자가 그 교회에 들어왔다고 해서 그 교회가 칼의 힘을 획득하는 것도 아니고 또한 통치자가 거기서 나왔다고 해서 그 교회가 교육과 파문의 권리를 잃는 것도 아닙니다. 이것은 자발적인 사회가 갖는 근본적이고도 불변의 권리입니다. 그러므로 교회 같은 자발적인 사회는 자체 제도의 규율을 어기는 구성원이 누구든지 그를 추방할 수 있습니다. 그러나 교회는 어떤 사람이 새로 교인이 되었다고 해서 그 교회에 합류하지 않은 사람들에 대해서 사법적 권한을 가질 수는 없습니다. 그러므로 개인 사이에 그런 것처럼 교회 사이에도 서로에게 더 우월하다고 주장하든지, 서로에게 지배권을 가지려 한다든지 하지 말고 평화와 대등함, 우정이 항상 지켜져야 합니다.

이러한 설명은 하나의 예를 듦으로써 훨씬 더 분명해지리라고 생각합니다. 가령 다음과 같이 상상해봅시다. 콘스탄티노플 시에 두 개의 교회가 있다고 합시다. 하나는 아르미니우스파 (Arminians) 교회이고 다른 하나는 칼뱅파(Calvinists) 교회입니다. 이 교회 중 어느 한 교회가 그들의 교리나 의식(儀式)이 서로 다르다고 해서 다른 곳에서 그러하듯이 다른 편의 교인들이 갖고 있는 재산과 자유를 박탈할 권리를 가지고 있다고 말할 수 있습니까. 아르미니우스교도들과 칼뱅교도들이 만일 그렇게 한다면 회교도들은 기독교인이 기독교인 대해서 얼마나 비인간적으로 잔인하게 싸우는지 옆에서 지켜보면서 웃을

것입니다. 그래도 만일 이때 둘 중 한 교회가 다른 교회를 이
와 같이 박대할 힘을 가지고 있다고 주장할 때, 나는 그러한
힘이 어느 쪽에 속하며, 무슨 권리로 그렇게 할 수 있냐고 묻겠
습니다. 그러면 틀림없이 그것은 잘못된 교회나 이단적 교회에
대해서 지배권을 가진 정통 교회에 속한다는 답변이 나올 것
입니다. 그러나 이것은 거창하면서도 그럴 듯한 말이지만 실은
전혀 말해주는 내용이 없는 것입니다. 왜냐하면 어느 교회든지
자기 자신에 대해서는 정통이 되지만 다른 교회에 대해서는
틀린 것이 되거나 이단이 되도록 되어 있기 때문입니다. 어떤
교회든지 자기들이 믿는 것은 참이라고 믿으며 그런 까닭에
그것에 반대되는 것은 오류라고 선언합니다. 따라서 어느 교회
의 교리가 진리이고 어느 교회의 예배가 흠이 없는 예배냐에
관한 논쟁은 양측이 다 대등한 입장에 있는 것입니다. 그 논쟁
을 해결할 재판관은 콘스탄티노플에도 그리고 지구 그 어느
곳에도 있을 수가 없습니다. 그 문제의 결정은 오로지 모든 인
류의 최고 재판관인 하나님만이 할 수 있는 것입니다. 하나님
에게만이 잘못된 자에 대해서 처벌할 권리가 있습니다. 그럼에
도 자신들이 정통이기 때문에 이단과 잘못된 교회에 대해서
지배권을 가지고 있다는 사람들은, 자기들이 다른 주인의 종을
학대할 자격이 있고 그럴 가치가 있는 사람이며 그리고 그것
을 오히려 자랑스럽게 여기는 사람들과 마찬가지입니다.

그런데 위의 의견을 달리하는 두 교회 중에 설령 어느 교회
가 올바른지 명백하게 드러난다 할지라도 그로 말미암아 정통

이라고 여길 수 있는 교회에게 다른 교회를 파괴할 어떤 권리가 생기는 것은 아닙니다. 왜냐하면 교회는 세속적인 일에 대해서 어떠한 권한을 갖고 있지도 않으며, 불과 칼은 잘못된 사람들의 정신을 설득할 수 있는 적절한 도구가 아니며 따라서 그것을 통해 그들이 진리를 알 수 있는 것이 아닙니다. 그럼에도 불구하고 이렇게 한번 가정해봅시다. 시민의 통치자가 두 교회 중 어느 한 교회를 애호해서 그들의 손에다 칼을 쥐어주고 그의 동의 아래 반대자들을 자기네 마음대로 벌줄 수 있다고 가정해봅시다. 이때 어느 한 기독교의 교회가 다른 교회의 신앙적 형제자매를 지배할 권리가 터키의 제왕으로부터 나온다고 말할 수 있는 사람이 있겠습니까. 그 자신이 기독교도들의 신앙의 조항들에 대해서 처벌할 권한을 갖고 있지 않은 비기독교도는 어떠한 기독교인의 사회에 대해서도 그와 같은 권한을 부여할 수 없으며 또한 그 자신이 갖고 있지 않은 권리를 기독교도들에게 줄 수도 없습니다. 바로 이 경우가 우리가 가정한 콘스탄티노플 시에서 일어난 일에 적용되어야 할 것입니다. 그리고 이것은 어떠한 기독교 왕국에도 똑같습니다. 시민 정부의 권한은 어디에서나 마찬가지입니다. 또한 교회에 대해서 영향을 줄 수 있는 권한이 이교도의 제왕의 손에 주어져 있는 것보다 기독교도인 황태자의 손에 더 많이 주어져 있다고 말할 수도 없습니다. 말하자면 누구도 교회에 대한 영향을 줄 수 있는 권한이 없습니다.

그럼에도 불구하고 다음과 같은 사실은 슬픈 일이긴 하지만 언급할 가치가 있습니다. 즉, 진리를 옹호한다는 자들 가운데서 가장 격렬한 사람들, 오류를 용납하지 못하는 사람들, 교회의 분파를 소리 높여 반대하는 사람들은 좀처럼 하나님에 대한 그들의 열정을 누그러뜨리지 못합니다. 이들은 자기들 편에 시민의 통치자가 서 있지 않아도 그러한 열정으로 매우 생기넘치고 뜨겁게 불타 있습니다. 그러나 통치자가 그들에게 지휘봉을 쥐어주고, 그들이 더 강력한 힘을 갖게 되었다고 느끼면, 이제 그들에게서 평화와 자비는 멀리 떠나게 됩니다. 사실 그것은 종교인들이 가장 먼저 지켜야 할 것임에도 말입니다. 그들은 남을 박해할 힘이 없고 정복자가 될 힘이 없는 곳에서는 공정한 조건에 따라서 살기를 바라고 관용을 소리 높여 설교합니다. 그들이 시민으로서 갖는 권한이 작아져서 힘이 없어졌을 때 그들은 우상 숭배, 미신 그리고 이단이 그들의 이웃에 퍼지는 것을 끈기 있게 그리고 마음의 동요 없이 참아냅니다. 그렇지만 다른 때라면 그러한 일들은 그들의 마음을 종교적 이해 관계 때문에 근심 걱정으로 가득 차게 만들 것들입니다. 만일 그러한 잘못들이 궁정에서 유행되거나 그러한 잘못들을 정부가 지지한다면 그들은 그것들을 감히 비난하지 못합니다. 이렇게 되면 그들은 논쟁을 삼가는 것으로 만족해합니다. 그렇지만 사실은 논쟁이야말로 진리를 전파하는 유일하게 올바른 방법입니다. 설득력 있는 논쟁과 훌륭한 이성이 정중함과 훌륭한 어법이 갖고 있는 부드러움과 합해지면 금상첨화입니다.

그러므로 결론적으로 말해서 아무도, 즉 어떠한 개인들이나 교회들도 심지어 공화국들도 종교의 명분으로 시민의 권리와 각자의 세속적 재산을 침범할 정당한 권리라는 것은 전혀 없습니다. 이와 다른 견해를 가진 사람들은 불화와 전쟁의 씨가 얼마나 파멸적인가, 그로 말미암아 그것이 인간들에게 가져다주는 끝없는 증오와 약탈, 대량 학살을 도발하는 힘이 얼마나 강한가를 깊이 숙고해보는 것이 당연하다고 생각합니다. 세속적 지배권이 종교적 은총에 의거하고, 종교는 무력의 힘으로 전파되어야 한다는 견해가 널리 퍼져 있는 한 사람들 사이에 어떠한 평화도 안보도 심지어는 흔히 있어야 할 우정조차도 결코 이루어질 수도 보존될 수도 없습니다.

셋째로, 교회에서 갖는 특성과 직책에 의해서 나머지 사람들과 구별되는 사람들에게 요구되는 관용의 의무가 무엇인지 알아봅시다. 이 사람들은 주교이거나 사제이거나 장로이거나 목사이거나 그 밖의 위엄을 가지거나 평신도와 구별되는 사람들을 말합니다. 물론 여기서 성직자의 본래의 권한이나 위엄에 대해서 조사하는 것이 내가 해야 할 일은 아닙니다. 내가 말하려고 하는 것은 단지 그들의 권위가 어디서 유래에 관한 것일 뿐입니다. 그들의 권위는 교회와 관련된 것이므로 교회의 영역 이내로 국한되어야만 합니다. 그것은 어떤 방식으로도 시민과 관련된 일에까지 확장될 수가 없습니다. 왜냐하면 교회 자체는 국가와는 절대적으로 분리되어 있고 구별되어 있는 집단이기 때문입니다. 교회와 국가의 경계선은 고정되어 있으며 움직일 수 없는 것입니다. 이 두 사회를 섞어놓는 사람은 심지어는 하

늘과 땅만큼이나 서로 다른 것을 뒤섞어놓는 것과 마찬가지이
고, 서로 거의 관계가 없으며 심지어 반대되는 것을 뒤범벅으
로 만드는 것과 마찬가지입니다. 왜냐하면 이 두 사회는 그것
의 본래의 목적, 본래의 일 그리고 그 외의 모든 것에서 완전히
구별되며 서로 무한히 다른 사회이기 때문입니다. 그러므로 어
느 누구도 그가 가진 교회의 직책이 아무리 위엄이 있는 것일
지라도 자기와 같은 교회에 속하지 않고, 같은 신앙을 갖고 있
지 않은 사람에게서 종교 문제로 다르다는 이유로 그의 세속
적인 재산을 조금이라도 박탈할 수는 없는 것입니다. 왜냐하면
교회 전체에 대해서 합법적인 것이 아닌 것으로 여겨지는 것
은 그것이 어떤 것이든지 성직자의 권리에 의한다고 해서 교
회의 어떤 구성원에게는 합법적인 것으로 여겨질 수가 없기
때문입니다.

그러나 이것으로써 성직자의 의무가 끝나는 것이 아닙니다.
성직자에게는 폭력과 약탈을 삼가고 모든 종류의 박해를 하지
않는 것으로는 충분하지 않습니다. 사도의 승계자라고 자칭하
면서 동시에 가르치는 직책을 떠맡은 사람들은 그들의 청취자
들에게 평화와 선의의 의무를 모든 사람들에게 다할 것을 충
고하는 것을 또한 잊지 말아야 합니다. 모든 사람들이란 소위
정통이라는 사람들뿐 아니라 잘못에 빠져 있다는 사람들을 모
두 말하며, 신앙과 예배에서 자기와 같은 사람들뿐 아니라 자
기와 다른 사람들도 모두 포함합니다. 설교자들은 모든 사람들
에게 — 사적(私的)인 개인이든지 어쩌다가 자기 교회에 들어

온 통치자에게라도 — 열심히 자비와 온유와 관용을 권고해야 합니다. 그리고 자기와 견해를 달리하는 반대자에 대한 모든 격노와 비합리적인 혐오감을 완화시키고 가라앉히는 일에 열심을 다해야 합니다. 반대자에 대한 이 격노와 혐오감은 자기 자신의 교파에 대한 불같은 열정이나 다른 교파를 지배하려는 술책에 의해서 불붙게 되는 것입니다. 내가 장담하지는 않겠지만 만일 모든 강단에서 평화와 관용의 가르침이 울려퍼지면 교회나 국가에 큰 행복의 열매가 열릴 것입니다. 그러나 내가 장담하게 되면 현실이 그렇지 못할 때, 그들은 강단에서 평화와 관용을 가르치지 않은 것이고 따라서 그들의 위엄이 떨어지고 체면이 심하게 손상당하게 될 것입니다. 나는 그들의 위엄이 다른 사람들에 의해서든 자신에 의해서든 떨어지지 않기를 바랍니다. 그러나 장담은 못하지만 그렇게 되어야만 한다고는 생각합니다. 만일 자기 자신을 하나님의 말씀의 대행자, 즉 평화의 복음의 설교자라고 공언하는 사람이 복음의 내용과 달리 가르친다면 그는 하나님이 그에게 맡긴 일을 이해하지 못했거나 그것을 소홀히 했기 때문입니다. 그러므로 그런 사람은 미래의 어느 날 평화의 왕자에게 그 이유를 설명해야 할 것입니다. 만일 복음이 기독교인들에게 사람을 분개하게 하는 일을 반복해서 당하더라도 그리고 여러 번의 해를 당하더라도 어떠한 복수도 해서는 안 된다고 권고한다면, 전혀 고통을 받지 않고 전혀 해를 당하지 않은 기독교인들은 단순히 폭력을 삼가는 것 이상으로, 그리고 자신들을 나쁘게 처우하지 않았던 사람들에게 조금도 나쁘게 대우하지 않는 것 이상으로 더 좋은 행동을 해야 하지 않겠습니까? 그러므로 이러한 기독교인들은 오로지 자신의 일에만 관심을 가진 사람들, 그리고 다른 사람들이 자기들을 뭐라고 생각하든지 자신들이 생각하기에 하나님이 받아줄 것이라고 확신하는 방식을 따라서, 또한 자신들의 영원한 구원에 대한 희망이 걸려 있다고 생각하는 방식을 통해서 하나님을 예배하는 것 외에는 아무것도 염려하지 않는 사람들에게, 분명히 더욱 조심스럽게 그리고 침착하게 대해야 합니다. 사적인 가정사에서, 재산을 처리하는 일에서 그리고 신체상의 건강을 보전하는 일에서 사람들은 누구나 자기의 편리에 맞게 생각하며 따라서 자기가 가장 좋아하는 방식을 따릅니다. 어느 누구도 이웃이 그의 일을 잘 처리하지 못한다고 해서 불평하지 않습니다. 어느 누구도 다른 사람이 자기의 땅에 씨 뿌리는 일을 제대로 못한다고 해서 혹은 그의 딸을 제대로 시집을 보내지 못한다고 해서 그에게 화를 내지 않습니다. 누구도 방탕아가 자기 재산을 술집에서 흥청망청 쓴다고 해서 그를 징계하지 않습니다. 어떤 사람이 자기 집을 허물고 혹은 자기 집을 짓고 혹은 자기가 원하는 대로 자신의 비용을 쓴다고 해서 누구도 그것을 불평하지 않으며 누구도 그를 통제하지 않습니다. 왜냐하면 그는 그의 자유가 있기 때문입니다. 그런데 다음의 경우와 같은 일이 일어나는 것은 도대체 어떻게 된 일입니까. 예를 들어 어떤 사람이 교회에 자주 나오지 않는다고 해봅시다. 그런데 그가 교회에 나왔을 때조차도 늘 하는 예식대로 따르지 않는다거나 그의 자식들을 교회에 데려다가 이런저런 집회에서 가르치는 신성하고도 신비로운 교리들을 배우게 하지 않는다고 해봅시다. 이렇게 되면 즉시 큰 소동이 일어납니다. 이웃이 온통 법석을 떨고 아우성을 칩니다. 모든 이들이 그것이 큰 범죄라도 되는 양 그것에 대해서 복수할 준비를 갖춥니다. 광신자들은 좀처럼 폭력과 약탈을 삼갈 만한 인내심이 없습니다. 그래서 마침내 그 불쌍한 사람은 재판에 불려가 심문을 받고 관례에 따라 자유나 재산 혹은 생명을 잃는 형을 선고받습니다. 이 경우에 나는 모든 교파의 교회 설교자들이 자신들이 가지고 있는 논쟁의 힘을 빌어서 사람들의 잘못을 논박하는 데에 최선을 다해주면 정말 좋겠습니다. 그들이 사람들에게 자비를 베풀기를 원합니다. 그들의 논리적 설득력이 부족할 때 무력을 사용하지 않기를 바랍니다. 그것은 다른 관할 영역에서 쓰이는 것이기 때문에 성직자의 손에는 전혀 어울리지 않기 때문입니다. 자신들의 설득력이나 지식에 도움을 받기 위해서 통치자의 권위를 불러들이지 않기를 바랍니다. 그렇게 하면 그들은 오로지 진리만을 사랑하는 것처럼 주장하지만 그들의 이 무절제한 열정은 — 오로지 총과 칼만을 사용하려고 하는 열정 — 그들의 야망을 폭로할 뿐이며 그들이 진짜 바라는 것은 세속적 지배라는 것을 입증할 뿐입니다. 눈물 하나 흘리지 않고 마음 편하게 자신의 형제를 사형집행인에게 넘겨주어서 산 채로 불에 타게끔 하는 사람의 입에서 나오는 말이 저승의 지옥불에 떨어질 그 형제의 구원을 마음으로부터 진지하게 원하기 때문에 그렇게 하는 것이라고 한다면, 양식 있는 사람 치고 누가 그의 말을 믿을 수 있겠습니까?

이제 마지막으로 관용의 문제에서 통치자의 의무가 어떤 것인가 생각해봅시다. 특별히 이 문제는 매우 중요한 것입니다.

우리는 이미 영혼을 돌보는 일은 통치자의 영역에 속하지 않는다는 것을 입증했습니다. 통치자가 돌봐야 할 일이 아니라고 하는 이유는, 통치자가 돌봐야 할 일은 법으로써 지시하며 처벌을 통해서 무력을 사용할 수 있기 때문입니다. 그러나 자비로운 돌봄, 즉 가르치고 훈계하고 설득하는 것은 어떤 사람에게도 해당되는 것입니다. 그러므로 사람들이 자신들의 영혼을 돌보는 일은 모두 각자에게 속하는 일이고 따라서 그것은 자기 자신에게 맡겨야 합니다. 그러나 만일 어떤 사람이 자신의 영혼을 보살피는 일을 게을리 하면 어떻게 해야 하겠습니까? 이에 대해서 나는 다음의 경우를 살펴보는 것으로 대신 답해보겠습니다. 만일 이 사람이 자신의 건강이나 재산을 돌보는 일에 소홀히 할 경우에는 어떻게 해야 하겠습니까? 이러한 일은 교회보다는 정부에 관련된 일이라고 볼 수 있는데, 이 경우 통치자는 이 사람이 가난해지지 않도록 혹은 아프지 않도록 특별법을 만들어야 할까요? 법은 국민의 재산과 건강이 다른 사람들의 사기와 폭력으로부터 손해를 입지 않도록 가능한 한 많은 것을 규정합니다. 그러나 법은 재산이나 건강을 가진 자신들이 스스로 그것들을 소홀히 하고 아무렇게나 관리하는 경우에는 그것들을 지켜주지 못합니다. 어느 누구도 본인이 원하지 않는데 강제적으로 그를 부자로 만들거나 부자가 되게 할수는 없습니다. 마찬가지로 하나님도 사람들이 원치 않는데 강제로 구원하지 않을 것입니다. 그런데 강제적으로 자기 신하들이 부를 쌓도록 하고 그들의 건강과 체력을 보존하도록 원하는 군주가 있다고 상상해봅시다. 이 경우에 그들이 로마의 의사들에게만 진찰을 받도록 법으로 규정해야 할까요? 그래서 모든 사람들이 로마의 의사들의 처방에 따라서 살도록 해야 할까요? 만일 로마에서 처방한 약이 없고 바티칸에서 처방한 약이나 제네바의 가게에서 처방한 약밖에 없다면 어떻게 할 것인가요? 혹은 이러한 신하들을 부자로 만들기 위해서 법을 통해서 강제로 상인이 되거나 음악가가 되도록 할까요? 혹은 모든 이들을 술집 주인이나 대장장이로 바꿀까요? 이들 중 일부가 가족들을 풍부하게 먹여 살리고 그 직업으로 부자가 되었다고 해서 말입니다. 이것은 현실적으로 가능하지 않은 일일 것입니다. 그러나 혹자는 부자가 되는 길은 천 개나 되기 때문에 가능하지 않을지 모르지만 천국으로 가는 길은 오로지 단하나밖에 없기 때문에 상황이 다르다고 말할지 모르겠습니다. 사람들을 이 길 아니면 저 길로 강제적으로 인도하기를 주장하는 사람들이 특히 그렇게 주장합니다. 왜냐하면 만일 천국으로 인도하는 길이 여러 개가 된다면 천국으로 가는 길을 강요할 명분조차도 남지 않게 되기 때문입니다. 그러나 만일 내가 내 힘을 다해 신성한 지리책7)에 따라서 예루살렘으로 인도하

---

7) 이 지리책은 『성경』을 말한다.

는 곧은길을 따라 행진해나가는데, 왜 다음과 같은 이유로 다른 사람들에게 내가 매를 맞고 학대를 받아야 합니까. 즉, 내가 두꺼운 반장화를 신지 않았다고 해서, 내 머리를 제대로 자르지 않았다고 해서, 올바른 방식으로 세례를 받지 못했다고 해서, 거리에서 고기를 먹었다고 해서, 내 입맛에 맞는 어떤 색다른 음식을 먹었다고 해서, 내게는 가시나무로 혹은 절벽으로 인도하는 길처럼 보이는 곁길들을 피한다고 해서, 하나의 큰 길에 나 있는 몇 개의 오솔길 중에서 걷기에 가장 곧고 깨끗한 길을 택했다고 해서, 덜 진지한 여행객들이나 보통 사람들보다 더 심술궂은 여행객들과 사귀지 않는다고 해서, 어떤 주교를 따랐는데 그 주교가 백의를 걸치거나 걸치지 않았거나, 그리고 주교관을 쓰거나 쓰지 않았다고 해서 말입니다. 확실히 우리가 올바로 숙고해볼 때, 대체로 이러한 것들은 종교와 영혼 구원에 대해서 어떠한 편견도 가지고 있지 않다면 그리고 미신이나 위선을 따르지 않는다면, 우리가 지키거나 생략할 수도 있는 사소한 것들임을 깨달을 수 있을 것입니다. 그런데 이 사소한 것들이 기독교 형제들 사이에 무자비한 증오를 낳고 있습니다. 사실 기독교의 형제들은 기독교의 실제적이고 근본적인 부분에서는 모두 동의하는데도 말입니다.

그러나 자신들이 하는 식과 다른 것들을 모두 비난하는 광신자들은 이렇게 여러 가지 길이 있는 데서는 결국은 다른 목적에 도달할 수도 있다고 주장할 수 있습니다. 이런 주장으로부터 우리는 어떤 결론을 내려야 할까요. 이 여러 길들 중에 영원한 행복에 이르는 참된 길은 단 하나라고 이야기해봅시다. 그러나 사람들이 따르는 이렇게 매우 다양한 길 가운데서 어느 것이 과연 올바른 길인가는 여전히 의심스럽습니다. 천국에 이르는 이 길을 발견하는 데 국가가 돌본다고 해서 혹은 통치권자가 법을 제정할 권리가 있다고 해서 각 개개인들이 스스로 탐구하고 연구해서 발견하는 것보다 더 확실하게 찾는 것도 아닙니다. 기운을 빠지게 하는 질병 때문에 내가 몸이 가라앉을 정도로 몸이 쇠약하다고 해봅시다. 그런데 그것을 고치는 치료제는 단 하나뿐인데 그것이 어떤 것인지 모른다고 합시다. 이 경우에 단 한 가지의 치료제만 있고 그것이 어떤 것인지 알 수 없기 때문에 통치자가 나에게 치료제를 처방해줄 권한이 있는 것입니까? 내가 죽음을 벗어날 길이 단 한 가지뿐이라고 해서 통치자가 명령하는 것은 무엇이든지 하는 것이 내게 안전합니까? 모든 사람들이 진지하게 자기 자신에게 물어보고 명상·연구·탐구 그리고 자기 자신의 노력에 의해서 알게 되는 것들은 어떤 한 종류의 사람들이 해야 하는 특정한 전문적인 일로서 볼 수는 없습니다. 물론 군주들은 권력에서 태어날 때부터 다른 사람들보다 월등한 위치에 있지만 자연 상태에서는 다른 사람들과 마찬가지입니다. 통치할 수 있는 권리나 기술을 갖는다는 것이 반드시 다른 것들에 대한 확실한 지식을 동반해야 한다는 것은 아니며, 특히 통치자가 참된 종교에 대한 지식은 거의 알 필요가 없습니다. 왜냐하면 만일 군주들이 참된 종교에 대해서 확실한 지식을 가지고 있다면 어떻게 지

구상의 많은 군주들이 종교 문제에서 그렇게도 다양한 견해를 갖고 있는 일이 현실로 벌어질 수 있습니까. 그러나 영원한 생명에 이르는 길에 대해서 군주가 그의 신하보다도 더 잘 알 수 있다고 가정해봅시다. 혹은 적어도 이 불확실한 일에서 각 개인들에게 가장 안전하고 가장 알맞은 방법은 통치자의 명령을 따르는 것이라고 가정해봅시다. 그러면 어떻게 될까요? 만일 군주가 당신보고 당신의 생계를 위해 장사를 하라고 명령한다면 혹시나 성공하지 못할까봐서 그것을 거절하겠습니까? 내게 대답하라고 하면 나는 군주의 명령에 따라 상인이 되겠습니다. 왜냐하면 내가 장사에서 제대로 성공을 못하더라도 그가 어떤 다른 방식으로든 나의 손실을 충분히 메워줄 것이기 때문입니다. 만일 그가 주장하는 대로 내가 번창하고 부자가 되는 것이 그가 진심으로 바라는 바라면 내가 성공적인 항해를 하지 못해서 파산의 지경에 이르렀을 때 그는 나를 다시 바로 세워줄 것이기 때문입니다. 그러나 이것은 미래의 저승의 삶에 관련된 것에 대해서는 적용되지 않습니다. 이 경우에 내가 잘못된 길을 선택한다면, 즉 영생의 문제에서 일단 내가 몰락하게 된다면, 나의 손실을 보상해주거나 나의 고통을 덜어주거나 나를 좋은 상태로 전적으로는 회복시켜주는 것은 말할 것도 없고 어느 정도라도 회복시키는 일은 군주의 권한에 속하는 것이 아닙니다. 군주의 권한 안에 천국에 이르는 길을 위해서 어떤 보장책도 주어질 수 있다고 말할 수 없습니다.

아마도 어떤 사람들은 말하기를 종교 문제에서 모든 사람들이 따라야 할 오류 없는 판단은 시민의 통치자에게 속하는 것이 아니라 교회에 속하는 것이라고 합니다. 그래서 시민의 통치자는 교회가 결정한 것을 준수하도록 명령할 뿐이라고 합니다. 그는 그의 권위를 가지고 종교와 관련된 일에서 누구도 교회가 가르치는 것 외의 것을 행동하거나 믿어서는 안 된다고 법으로 규정합니다. 그러므로 종교적인 일에 관한 판단은 교회에 속하는 것입니다. 그 일에 관한한은 통치자 자신이 우선 순종하고 다른 사람들로부터도 그와 같은 순종을 요구합니다. 그런데 기독교 초기의 사도 시대에는 그렇게도 덕망 있는 교회의 이름이 그 다음 시대부터는 사람들의 눈을 속이기 위해서 얼마나 자주 오용되었는가는 누구나 다 아는 사실입니다. 그래서 현재의 경우에는 그것이 우리에게 도움이 되지 않습니다. 천국으로 인도하는 유일한 좁은 길은 개개인보다도 통치자에게 더 잘 알려져 있는 것이 아닙니다. 그러므로 나는 안심하고 그를 나의 안내자로서 삼을 수가 없습니다. 왜냐하면 그는 아마도 나만큼이나 그 길에 대해서 모를 것이기 때문이며 또한 나의 구원에 대해서 나보다는 덜 관심을 가지고 있을 것이기 때문입니다. 이스라엘 사람들은 유태인의 많은 왕을 맹목적으로 따라감으로써 우상 숭배에 빠지고 파멸에 이르게 되었습니다. 하지만 그럼에도 불구하고 당신은 내게 용기를 내라고 명령할지 모르겠습니다. 그리고 통치자는 종교 문제에서 그 자신의 명령을 따르라고 명령하는 것이 아니라 단지 교회의 명령을 따르라고만 명령하기 때문에 당신은 나에게 모든 것이 안전하고 확실하다고 내게 말할지 모르겠습니다. 그렇다면 어느 교회의 명령입니까? 틀림없이 통치자를 가장 좋아하는 교회의 명령일 것입니다. 이렇게 되면 내게 법과 형벌을 가지고 이 교회 혹은 저 교회에 다니라고 강요하는 통치자는 종교 문제에서 자신의 판단을 개입시키지 않는 것처럼 보일지 모릅니다. 그러나 그가 나를 직접 인도하는 것과 다른 사람들에 의해서 인도되도록 나를 넘겨주는 것과 무슨 차이가 있습니까? 어느 쪽이든 결국 나는 통치자의 의지에 달려 있습니다. 어느 쪽이든 나의 영원한 상태를 결정하는 것은 바로 통치자입니다. 왕의 명령을 따라서 바알 신을 섬겼던 한 이스라엘 사람에게 누군가가 그 왕은 종교 문제에서 자신의 책임 아래 명령한 것이 아무것도 없고 성직자들의 협의에서 승인된 것과 교회의 학자들이 신성한 권리를 가졌다고 선언한 것을 따라서 명령했다고 말한다고 해서 그가 더 나은 상태에 있게 됩니까? 만일 어떤 교회 종파의 대표되는 사람, 고위 성직자들, 일반 성직자들 그리고 그 무리에 속하는 모든 사람들이 전력을 다해서 그 교회의 종파를 극찬하고 찬양한다고 해서 그 교회의 종교가 참된 것이 되고 구원할 힘을 갖게 된다면 어떤 종파도 오류를 가질 수 없으며 가짜가 되지 않으며 그리고 파괴적이 될 수가 없습니다. 나는 소치니파(Socinians)[8]의 교리에 대해 의심스럽게

---

8) 16세기 말부터 17세기에 걸쳐서 Faustus Socinus 및 Laelius Socinus의 교리를 신봉했던 사람들로서 삼위일체설, 그리스도의 신성(神性), 원죄 따위 그리스도교의 전승적(傳承的) 교리를 인정하지 않고, 그리스도는 기적적으로 탄생한 사람으로서 그의 여러 가지 덕(德)을 인정하는 사람만이 구원을 받는다고 했다.

생각합니다. 그리고 로마 가톨릭 교도들이나 루터교 신자들이 실행하는 예배의 방식에 대해서도 미심쩍게 생각합니다. 그런데도 내가 통치자의 명령에 따라서 이 교회들 중에 어느 한 교회에 가입하는 것이 조금이라도 더 안전할까요? 왜냐하면 그는 종교 문제에서 오로지 교회의 학자들의 권위와 협의에 의해서 명령하기 때문에 말입니다.

그러나 사실을 말하자면 교회가 성직자의 협의회를 통해서 교회법을 만들기는 하지만 대체로 교회에 의해서 왕실이 영향을 받기보다는 왕실에 의해서 교회가 영향을 받기가 쉽습니다. 교회의 역사에서 정통파 교도의 황제가 권력을 잡았을 때와 아리우스파의 황제가 권력을 잡았을 때 각각 교회가 어떠했는가는 우리에게 잘 알려져 있습니다. 혹은 이 일이 시간적으로 너무 먼 이야기라면, 우리의 현대 영국사가 우리에게 좀더 신선한 예를 제공해줍니다. 즉, 헨리(Henry) 8세 왕이나 에드워드(Edward) 6세 왕, 메리(Mary), 엘리자베스(Elisabeth) 여왕의 통치 시대를 거치면서 성직자들은 각 왕들과 여왕들의 성향에 따라 그들의 명령, 그들의 신앙 조항, 예배 형태, 그 외의 모든 것들을 얼마나 쉽게 그리고 순조롭게 바꾸었습니까. 이 왕들과 여왕들은 종교 문제에서 서로 아주 다른 의식을 갖고 있었고 따라서 그에 의해서 아주 다른 일들을 명령했기 때문에 무신론자를 빼고는 제정신이 있는 사람이라면 그 누구도 그 시대에 하나님을 진정으로 정직하게 예배하는 사람들이 편안한 마음을 가지고서 왕들과 여왕들의 명령을 따랐다고 감히 주장할 수 없을 것입니다. 결론적으로 말해서 다른 사람의 종교 문제에 대해서 법률을 제정하는 왕이 자신의 판단에 의해서 그렇게 했다고 주장하든 혹은 교회의 권위와 다른 사람들의 충고에 의해서 그렇게 했다고 주장하든 결국 같은 이야기가 될 뿐입니다. 서로 간의 차이와 분쟁이 있다는 것이 충분히 알려진 성직자들의 결정이 왕의 결정보다 조금도 더 건전하다든지 안전할 수가 없습니다. 성직자들의 참정권을 모두 합한다 하더라도 왕의 통치권에 어떤 새로운 힘을 부여할 수도 없습니다. 물론 왕들은 자신의 신앙과 예배 방식에 호감을 보이지 않는 성직자들의 참정권에는 좀처럼 관심을 보이지 않는다는 사실도 염두에 둘 필요가 있습니다.

결국 이 논쟁을 절대적으로 결정지을 수 있는 주된 논의는 다음과 같습니다. 즉, 종교에 대한 통치자의 견해가 건전하고 그가 지시하는 방식이 진정으로 복음적이라 하더라도 만일 내 자신이 그것에 대해서 철저하게 확신을 가지고 있지 않다면 내가 그것을 따르는 데에는 안전이란 전혀 보장되어 있는 것이 아닙니다. 내 양심의 명령에 거역해서 걷게 되는 길은 그것이 어떠한 길이라도 결코 나를 축복받은 자들이 들어가는 저택으로 인도하지 못할 것이기 때문입니다. 나는 내가 별로 즐거워하지 않는 예술 작품으로도 부자가 될 수도 있습니다. 나는 내가 신뢰하지 않는 치료법으로도 나의 질병을 치료받을 수도 있습니다. 그러나 내가 믿지 않는 종교를 가지고서, 그리고 내가 혐오하는 예배를 통해서는 구원받을 수 없습니다. 불신자가 다른 사람의 신앙 고백을 겉으로 흉내 내어보았자 아무 소용이 없습니다. 신앙과 내적인 신실함만이 하나님의 용납을 보장하는 것입니다. 가장 믿음직해보이고 가장 훌륭해보이는 치료약도 환자의 위장이 그것을 받아들이자마자 거부하면 그 환자에게 아무런 영향을 줄 수가 없습니다. 어떤 사람의 체질은 분명히 좋다는 약을 독으로 바꾸어버릴 수 있습니다. 이런 사람이 아팠을 때 그 약을 그의 입에 강제로 쑤셔 넣어보았자 아무 소용이 없습니다. 한마디로 얘기해서 어떤 종교 문제에서 의심스러운 것이 무엇이 되었든 간에 어느 종교든지 그 속에 내가 진실이 아니라고 생각하는 것이 있다면 그 종교는 내게 진리가 될 수도 없으며 내게 이익이 되지도 못합니다. 따라서 왕이 자기 신하들에게 그들의 영혼을 구원한다는 명목으로 자기 교파에 억지로 가입시키는 것은 아무 소용이 없는 일입니다. 그들이 믿게 되면 그냥 내버려두어도 제 발로 걸어 들어오게 되어 있습니다. 그러나 만일 그들이 믿지 않으면서 들어온다 해도 그것은 그들에게 전혀 도움이 되는 일이 아닙니다. 결론적으로 말해서 겉으로 드러난 선의와 자비심과 인간의 영혼 구원에 대한 관심이 아무리 크다 해도 인간의 의지와 상관없이 인간을 강제적으로 구원받게 할 수는 없습니다. 따라서 결국에는 자기의 양심의 명령에 따르도록 내버려두어야 합니다.

우리는 여태까지 사람들이 종교 문제에서 서로를 지배하려는 것에서 벗어나도록 비교적 자세히 이야기했기 때문에 이제는 그들이 해야 할 일이 무엇인가 생각해봅시다. 모든 사람들은 하나님은 공적으로 예배되어야 한다는 사실을 알고 있으며 또한 인정하고 있습니다. 그렇지 않다면 그들이 무슨 이유로 서로에게 공적인 집회에 강제적으로 끌어들이려고 하겠습니까? 사람들은 본래 이러한 자유를 누리도록 되어 있기 때문에 어떤 종교 사회엔가 소속되게 되어 있습니다. 그래서 그들은 서로 간의 품성을 높이기 위해서 뿐 아니라 자신들이 하나님을 예배하고 있다고 세상에 고백하기 위해서 서로 만납니다. 그들은 이와 같이 서로 만나서 그들이 부끄럽지 않다고 생각하며, 하나님에게 가치 있다고 생각되며 또 그가 받아들일 만하다고 느끼는 예배를 드리는 것입니다. 그리고 마침내 그들은 교리의 순수함, 삶의 성결 그리고 고매한 예배의 형태를 통해서 다른 사람들을 참된 종교의 사랑 안으로 끌어들일 수가 있고, 각각의 개인들이 따로 따로 떨어져서는 도저히 해낼 수 없는 다른 차원의 일들을 종교 사회 안에서 수행할 수가 있는 것입니다.

이러한 종교 사회를 나는 교회라고 부릅니다. 그리고 통치자는 이러한 교회에 대해서 관용을 베풀어야 합니다. 왜냐하면 사람들이 집회에 모여서 자신들의 영혼의 구원을 보살피는 일은 매우 합법적인 일이기 때문입니다. 또한 이 합법성은 국교든 국교와 분리된 다른 종교적 집회든 조금의 차이도 없이 적용됩니다.

그런데 모든 교회에 대해서 특별히 고려되어야 할 내용이 두 가지 있습니다. 첫째는 예배의 외적인 형태와 예배 의식(儀式)입니다. 둘째는 교리와 신앙의 신조에 관한 것입니다. 이 둘은 반드시 구별해서 다루어야 할 문제입니다. 그렇게 하면 관용에 관한 전체 문제가 좀더 분명하게 이해될 수 있습니다.

먼저 나는 외적인 예배에 대해서 말해보겠습니다. 통치자는 다른 교회에서는 물론이고 자기가 소속한 교회에서도 하나님께 예배를 드릴 때 법률로써 어떤 특정한 의식과 의례를 시행하도록 강제할 권한이 전혀 없습니다. 이것은 이러한 교회들이 자유로운 사회일 뿐 아니라 하나님에 대한 예배에서 행해지는 모든 것들은 그것을 실행하는 사람들이 하나님께서 받아들일 것이라고 믿는 정도만큼만 정당화될 수 있기 때문입니다. 신앙의 확신을 가지고 행해지지 않는 것은 그것이 무엇이든지 본질적으로 충분하지 못한 것이며 또한 하나님이 받아들일 수 없는 것입니다. 그러므로 사람들에게 자신들이 판단한 것과 달리 그런 것들을 강요하는 것은 사실상 그들에게 하나님을 거스르도록 명령하는 것이나 마찬가지입니다. 모든 종교의 목적이 하나님을 기쁘게 하는 것이고 따라서 그러한 목적을 위해서 자유는 본질적으로 필연적이라는 사실을 고려해볼 때 그런 것들을 강요하는 것은 전혀 말이 되지 않을 정도로 터무니없는 일처럼 보입니다.

그러나 이로부터 내가 통치자에게 중립적인(indifferent) 일에 대해서 모든 형태의 권한을 인정하지 않으려고 한다고 결론을 내릴지도 모르겠습니다. 만일 모든 권한이 주어지지 않는다면 이에 대해서 법률을 제정하는 문제는 생각해볼 여지도 없습니다. 그러나 내가 말하는 것은 그런 것이 아닙니다. 나는 중립적인 일들이란 법률로써 제한을 받아야 한다는 사실을 기꺼이 인정합니다. 그러나 그렇다고 해서 통치자가 어떠한 중립적인 일에 대해서도 자기가 원하는 것을 무엇이든지 법률로 규정할 수 있다는 말은 아닙니다. 모든 법률을 제정하는 데 규준이 되고 중요한 역할을 하는 것은 공익(公益)입니다. 만일 어떤 것이 국가에 유용한 것이 아니라면 그것이 아무리 중립적인 것이라도 즉시 법률로 제정될 수는 없습니다.

이에 대해서 좀더 자세히 설명하겠습니다. 그 본성상 매우 중립적인 것들은 교회와 하나님의 예배에 도입될 때는 통치자의 사법관할권으로부터 벗어납니다. 왜냐하면 중립적인 것들을 그렇게 사용할 때 그것들은 국가적인 일과는 전혀 관련이 없기 때문입니다. 교회의 유일한 일이라는 것은 영혼의 구원일 뿐입니다. 교회에서 이런 의식(儀式)이 이루어지든 저런 의식이 이루어지든 그것은 국가나 국가를 구성하는 어떠한 국민과도 관련이 없는 것입니다. 종교의 집회에서 어떤 의식을 거행하든, 의식을 생략하든 그것은 어떤 사람의 생명이나 자유 혹은 재산에 이익을 주거나 해를 끼치지 않습니다. 예를 들어보겠습니다. 유아를 물로 씻는 것은 본질적으로 중립적인 일이라고 가정해봅시다. 또한 다음과 같이 가정해봅시다. 만일 통치자가 그렇게 유아를 씻는 것은 어린애들이 쉽게 걸리는 어떤 질병을 치유하거나 예방하는 데 도움이 되는 것으로 생각하고 그래서 그렇게 하는 것이 법률로 돌볼 정도로 중요하다고 생각한다면 그는 그것을 그렇게 하도록 명령할 수 있다고 가정해봅시다. 그러나 그렇다고 해서 통치자가 법으로써 모든 어린애들은 그들의 영혼을 순결하게 하기 위해서 성직자들에 의해서 신성한 세례반(洗禮盤)에다가 세례를 받아야 한다고 명령할 수 있는 권리도 가지고 있다고 말하는 사람이 어디 있겠습니까. 이 두 경우가 보여주는 극단적인 차이는 모든 사람이 첫눈에 금방 알아챌 수 있습니다. 혹은 두 번째의 경우를 유태인의 어린아이에게 적용시켜봅시다. 그러면 더 이상의 설명이 필요하지 않을 정도로 자명해질 것입니다. 기독교인 통치자의 국민 가운데는 유태인도 있기 때문에 이 가정은 있을 수 있는 일입니다. 만일 우리가 유태인에게 자신의 견해와 다르게, 본성적으로 중립적인 것을 자신의 종교에서 실행하도록 강요할 정도의 해를 가할 수 없다는 것을 인정한다면 우리는 어떻게 이와 같은 종류의 해가 기독교인에게는 가해질 수 있다고 주장할 수 있겠습니까.

다시 한 번 이야기해서, 그 본성에서 중립적인 것들은 어떠한 인간의 권위에 의해서 하나님의 예배의 어떠한 한 부분도 될 수가 없습니다. 왜냐하면 그것들은 중립적인 것이기 때문입니다. 중립적인 것들은 그 자체의 힘으로써 신의 마음에 들 수 있는 것이 아니기 때문에 어떠한 인간적인 권위의 힘도 중립적인 것들에다가 신의 마음에 들도록 할 수 있을 정도의 위엄과 탁월한 능력을 부여할 수는 없습니다. 우리의 일상사에서 하나님이 금하지 않은 중립적인 것들을 사용하는 것은 자유롭게 이루어질 수 있는 일이며 합법적인 것입니다. 그러므로 그러한 것들에는 인간의 권위가 영향을 줄 수 있습니다. 그러나 종교의 문제에서는 그렇지 않습니다. 중립적인 것들이 하나님 자신에 의해서 제정된 것으로 볼 수 있는 경우를 제외하고는 그것들은 하나님을 예배하는 데 합법적인 것이 아닙니다. 즉, 하나님 자신이 명확한 명령을 통해서 중립적인 것들이 그가 쾌히 받아들일 예배의 — 죄 많은 인간의 손에 의해서 드리는 — 일부가 되도록 명령하는 경우를 제외하고는 하나님을 예배하는 데 합법적인 것이 되지 않습니다. 또한 몹시 화가 난 신이 우리에게 '누가 너희들보고 이런저런 것들을 요구했냐?'고 물을 때 통치자가 그것들을 명령했다고 대답하는 것으로는 충분한 답변이 되지 못할 것입니다. 만일 통치자의 시민에 대한 사법관할권이 그러한 일에까지 확장된다면 합법적으로 종교에 개입하지 못할 일이 어디 있겠습니까? 그렇게 되면 온갖 잡동사니를 모아놓은 의식과 미신적인 것들의 개입이 통치권자의 권위 아래 하나님을 예배하는 자들에게 양심에 거슬리는데도 강요되지 않겠습니까? 왜냐하면 이러한 의식과 미신의 대부분은 그 본성에서 중립적인 것들을 종교적으로 사용하는 것이기 때문입니다. 그것들이 죄가 되는 이유는 하나님이 그것들의 장본인이 아니기 때문이라는 것 외에는 어떤 다른 이유에 있지 않습니다. 몸에 물을 흩뿌리는 것, 빵과 포도주를 먹는 것은 둘 다 그 본성에서나 일상의 생활에서 완전히 중립적인 것들입니다. 그러므로 이것들은 신이 제정한 것이 아니라면 종교에 도입이 될 수 없었고 신에게 드리는 예배의 일부분이 될 수가 없었을 것이라고 말할 수 있겠습니다. 만일 어떤 인간의 권위나 국가의 권력이 이 일을 해낼 수 있었던 것이라면 또한 신성한 예배의 일부로 성만찬에서 물고기를 먹거나 맥주를 마시도록 명령할 수도 있지 않았겠습니까. 그뿐 아니라 교회에서 동물의 피를 흩뿌리는 일, 물이나 불로 속죄하는 일 그리고 이와 같은 종류의 많은 일들이 벌어지지 않았겠습니까? 그러나 이러한 것들은 일상에서 사용될 때는 아무리 중립적인 것일지라도 일단 신에게 드리는 예배에서 신적인 권위를 갖지 않고서 사용될 때는 개를 희생물로 바치는 것만큼이나 하나님에게 혐오스러운 것이 됩니다. 그런데 어찌해서 개는 그렇게 혐오스러운 것이 될까요? 개나 염소나 신성하다는 측면에서는 모두 거리가 먼 것 같은데 그 둘 사이에 어떤 차이점이 있다고 보아야 할까요? 그것은 하나님이 예배에서 하나는 사용하기를 요구했고 나머지 하나는 요구하지 않았기 때문이라고 볼 수밖에 없습니다. 그러므로 중립적인 것은 그것이 아무리 국가 통치자의 권력 아래에 있을지라도 그 명목으로는 종교에 도입될 수 없으며 또한 종교적 집회에 강요될 수가 없습니다. 왜냐하면 하나님을 예배하는 데 그것들은 더 이상 전혀 중립적이지 않기 때문입니다. 하나님에게 예배를 드리는 사람은 하나님을 기쁘게 하거나 그의 은혜를 받기 위해서 그렇게 하는 것입니다. 그러나 하나님 자신에 의해서 명령된 것이 아니기 때문에 하나님을 기쁘게 해줄 수 없는 것을 알면서도 다른 사람의 명령에 따라서 하나님에게 바치는 사람은 그렇지 않습니다. 이것은 하나님을 기쁘게 하는 것도 아니고 그의 화를 달래는 것도 아닙니다. 그것은 명백한 모욕에 해당하는 행위로써 알면서도 고의로 하나님을 성나게 하는 것입니다. 그것은 예배의 성격과 목적에 완전히 모순인 일입니다.

그러나 여기에서 다음과 같은 질문이 나올 수도 있습니다. 만일 신에게 드리는 예배에 속하는 것이 어느 것도 인간의 재량에 맡겨져 있지 않다면 도대체 교회 자체가 어떻게 예배의 시간이나 장소 같은 것 등을 명령할 권한을 가질 수가 있습니까? 나는 이에 대해서 다음과 같이 대답할 수 있습니다. 종교적 예배에서 우리는 예배 자체의 한 부분이 되는 것과 단지 예배에 부대(附帶)적으로 속하는 것을 구별해야 합니다. 하나님에 의해서 제정된 것으로 믿어지고 또한 하나님을 충분히 기쁘게 해드릴 것으로 믿어지는 것은 예배의 한 부분입니다. 그러므로 그것은 필연적인 것입니다. 그리고 예배에 부대적으로 속하는 것, 즉 주변적인 것은 일반적으로 예배와는 뗄 수 없는 것이지만 그것들을 특수한 경우로 만든다든지 변경해도 괜찮은 것들입니다. 따라서 그것들은 중립적인 것입니다. 이 중립적인 것들에는 예배의 시간과 장소라든지, 예배드리는 자들의 습관과 태도 같은 것들이 있습니다. 이것들은 주변적인 것들이며 따라서 완전히 중립적인 것입니다. 왜냐하면 하나님이 이것들에 대해서는 어떠한 명백한 명령도 내리지 않았기 때문입니다. 예를 들면 유태인들 사이에서는 예배의 시간과 장소 그리고 예배를 거행하는 사제나 목사들의 습관이 단순히 주변적인 것들이 아니고 예배 자체의 일부입니다. 만일 이러한 것들에 어떤 흠이 생긴다든지 본래 제정되었던 것과 달리 시행된다면 유태인들은 그것이 하나님에 의해서 받아들여진다는 희망을 가질 수가 없습니다. 그러나 이것들이 기독교인들에게는 복음의 자유 아래에서 단순히 예배의 주변에 속하는 것으로 받아들여집니다. 그러므로 신중하게 생각해서 이것들이 교회의 질서, 품위 그리고 신도들의 교화에 가장 도움이 된다고 판단되는 것으로 사용합니다. 그러나 같은 복음 아래에서도 일주일의 첫 번째 날 혹은 일곱 번째 날을 하나님에 의해서 분리되었다고 믿기 때문에 하나님을 예배하는 데 봉헌되어야 한다고 믿는 사람들에게는 그 정해진 시간은 단순한 주변적인 것이 아니라 신에게 드리는 예배의 진정한 일부분입니다. 그래서 그것은 변경될 수도 없고 무시될 수도 없습니다.

다음으로 통치자가 법률로써 강제로 어떠한 교회에서도 어떤 의식이나 의례를 거행하게 할 권한이 없듯이 어떤 교회에 의해서 이미 받아들여지고 승인되어서 시행되는 의식과 의례의 거행을 금지할 권한도 없습니다. 왜냐하면 만일 그가 그렇게 하면 그것은 교회 자체를 파괴하는 것이나 마찬가지이기 때문입니다. 교회를 세운 목적은 그 자체의 방식대로 자유롭게 하나님을 경배하는 것 외에 다른 것에 있지 않기 때문입니다.

이러한 규칙에 따라서 당신은 다음과 같이 물을지 모르겠습니다. 만일 회중들이 유아를 희생 제물로 바치고 싶은 생각을 가지고 있다든지 혹은 초대 기독교인들이 잘못되게 비난받았던 것처럼 난잡한 성교로 자신들을 더럽히거나 어떤 다른 극악무도한 행위를 한다면 통치자는 과연 이러한 행위들이 단지 종교적 집회에서 이루어지는 일이라는 이유로 관용해야만 합니까. 물론 그에 대한 대답은 '아니올시다'입니다. 이러한 것들은 평상시의 생활에서도 어떤 개인의 집에서 행해진다 하더라도 합법적인 것이 아닙니다. 따라서 이러한 것들은 하나님에 대한 예배에서도 어떤 종교적 집회에서도 합법적일 수가 없습니다. 그러나 종교적 이유로 모인 사람들이 송아지를 희생 제물로 받치고 싶어한다면 그렇게 하는 것을 법으로 금해야 한다고 생각하지 않습니다. 예를 들어 멜리보에우스(Meliboeus)라는 사람이 자신의 송아지를 집에서 죽여 자기가 적당하다고 생각하는 부분을 불로 태우는 것은 합법적으로 가능한 일입니다. 왜냐하면 그 일로 말미암아 어떤 사람에게도 해를 주는 것도 아니고 다른 사람의 재산에 어떤 해를 끼치는 것도 아니기 때문입니다. 그리고 똑같은 이유로 그가 종교적인 모임에서 또한 자신의 송아지를 합법적으로 죽일 수도 있습니다. 그렇게 하는 것이 하나님을 충분히 기쁘게 하는 것인지 아닌지는 그들이 걱정할 문제입니다. 통치자의 역할이란 국가가 어떤 해도 입지 않게끔 돌보는 일이며 따라서 어떤 사람에게도 생명이나 재산에 해가 입지 않도록 돌보는 일일 뿐입니다. 그러므로 축제에서 사용될 수 있는 것은 희생 제물로도 사용될 수 있습니다. 그런데 만일 어쩌다가 어떤 희귀한 가축 전염병 때문에 급격히 줄어든 소의 수를 증가시키기 위해서 당분간 가축들을 도살하는 것이 완전히 금지되었을 경우를 생각해봅시다. 이때 국가의 통치자는 국민들이 송아지를 죽이는 것을, 그 목적이 어디에 있든지 간에 금지할 수가 있습니다. 이 경우에 우리는 법이 종교적인 문제 때문에 만들어진 것이 아니라 정치적인 문제 때문에 만들어진 것을 알 수 있습니다. 즉, 이 경우에 법이 적용되는 것은 그것이 종교적 희생물이기 때문이 아니라 종교적 희생물로 말미암아 송아지를 도살하는 사실 때문인 것입니다.

이에 의해서 우리는 교회와 국가 사이에 어떤 차이점이 있는가를 알 수 있습니다. 국가 안에서 합법적인 것은 무엇이든지 교회 안에서도 통치자에 의해 금지될 수 없습니다. 국민들에게 평상시에 사용이 허락된 것은 그것이 무엇이든지 어떤 종파의 사람들이 그들의 종교적 목적으로 사용하는 것을 통치자가 금지할 수도 없고 또 해서도 안 됩니다. 만일 어떤 사람이 합법적으로 빵이나 포도주를 자기 집에서 앉아서든 무릎을 꿇고서든 자기 마음대로 먹을 수 있다면, 법은 교회 밖에서처럼 교회 안에서도 비록 빵과 포도주의 사용법이 다르고 그것에 신앙의 신비와 신적 예배 의식의 요소를 부가하더라도 이와 같은 행위를 종교적 예배에서 할 수 있는 자유를 빼앗아가서는 안 됩니다. 그러나 일반 시민 생활에서 사용할 때도 사람들의 복지에 해를 끼치는 것들, 그래서 법으로 금지되어 있는 것들은 교회에서도 그것이 아무리 신성한 예배를 드리기 위한 것일지라도 사용이 허용되어서는 안 됩니다. 그러므로 통치자는 공공의 이익이라는 미명으로 그의 권위를 남용해서 어떤 교회를 억압하는 일이 벌어지지 않도록 늘 주의해야만 합니다.

그런데 사람들은 또한 다음과 같이 질문할 수도 있습니다. 만일 어떤 교회가 우상 숭배를 하고 있다고 생각된다면 통치자는 그것 또한 관용해야 하는가요? 나는 답변으로 다음과 같이 묻고 싶습니다. 우상 숭배를 하는 교회가 있다고 해서 정통교회가 망하지는 않을 것이라고 보는데도 그 교회를 억압할 권한이 통치자에게 있다고 보아야 합니까? 국가 권력이라는 것은 어디에서나 똑같은 것이며 따라서 모든 군주의 종교는 자기 자신에게는 정통이 된다는 사실을 우리는 반드시 기억해야 합니다. 그러므로 만일 영적인 문제에서 그와 같은 권력이 국가 통치자에게 주어진다면, 예를 들어 제네바(Geneva)에서와 같은 곳에서는 통치자가 아마도 우상 숭배로 소문난 종교를 폭력과 피로 절멸시켜버릴는지도 모릅니다. 그리고 제네바와 이웃하는 나라에서는 똑같은 원리에 따라 그곳의 통치자가 개혁 교회를 억압할 수도 있습니다. 그리고 인도에서는 똑같은 원리에 따라 기독교를 박해할 수도 있습니다. 국가의 권력은 군주의 입맛대로 종교에서 모든 것을 변화시킬 수도 있거나 아무것도 변화시키지 못할 수도 있습니다. 만일 국가의 권력이 법과 형벌이라는 수단을 통해서 종교에 어떤 것을 도입하는 일이 일단 허용되면 그것을 제한할 어떤 경계선도 다 무너집니다. 또한 똑같은 방식으로 통치자가 자기 자신에게 스스로 정한 진리의 규칙에 따라 모든 것을 변경하는 것도 합법적이 될 것입니다. 따라서 그러므로 어떤 사람도 자신이 믿고 있는 종교 때문에 세속적인 즐거움을 박탈당해서는 안 됩니다. 기독교인 군주에 속하는 아메리카 원주민들조차도 우리의 신앙과 예배를 갖지 않는다고 해서 그들의 신체나 재산에 처벌을 가할 수 없습니다. 만일 그들이 자신들 나라의 의식을 자신들 나름대로 거행함으로써 하나님을 기쁘게 해드린다고 확신한다면 그리고 그렇게 함으로써 행복을 얻을 수 있다고 확신한다면 그들은 그들의 하나님과 그들 자신에게 맡겨져야 합니다. 이 문제를 좀더 철저하게 파헤쳐봅시다. 모든 것이 궁핍한 하찮은 숫자의 미약한 기독교인들이 어떤 이교도의 나라에 도착했다고 해봅시다. 이 외지인들은 거주민들에게 인간적인 정에 호소하면서 생필품들을 도와달라고 간청합니다. 그래서 생필품들이 그들에게 주어지고 그곳에서의 거주가 허용됩니다. 그리고 그들은 서로들 합류하게 되고 나중에는 한 집단의 사람들이 됩니다. 이런 식으로 해서 기독교라는 종교는 그 나라에서 뿌리를 내리고 뻗어나가게 됩니다. 그러나 갑자기 최강자가 되지는 않습니다. 이런 상황에서는 평화·우정·신임·동등한 정의 같은 것이 그들 사이에 보존되게 됩니다. 그러다가 마침내 통치자가 기독교인이 되고 그렇게 됨으로써 기독교인 그룹이 가장 강력한 힘을 갖게 됩니다. 그렇게 되자마자 모든 계약들이 깨지게 되고 모든 시민의 권리가 침해당하게 되고 우상 숭배는 절멸될 지경에 이르게 됩니다. 이 순진무구한 이교도들은 — 이들은 평등과 자연법을 엄격하게 준수한 자들이며 결코 사회의 법을 어기지 않은 자들인데 — 이제 예부터 지켜온 그들의 종교를 버리고 새롭고 낯선 종교를 받아들이지 않는다면 그들의 조상들로부터 이어온 땅과 소유물들을 뺏겨야 하고 아마도 목숨까지도 잃게 될 지경에 이르게 됩니다. 그래서 마침내는 교회에 대한 열정이 지배욕과 합해질 때 어떤 일이 생기는가를 우리가 볼 수 있고 종교와 영혼을 돌본다는 미명은 탐욕, 약탈 그리고 야망을 매우 잘 숨겨주는 역할을 하는 것을 볼 수 있습니다.

이제 우상 숭배는 어떤 곳에서도 법률·처벌·불 그리고 칼로써 뿌리째 뽑혀져야 한다고 주장하는 사람은 위의 이야기를 자기 자신에게 적용시켜야 할 것 같습니다. 왜냐하면 일의 이치가 미국에서나 유럽에서나 똑같기 때문입니다. 그러므로 거기에 있는 이교도나 여기에 있는 의견을 달리하는 비국교도이거나 모두 국가의 교회를 지배하는 도당이 가진 어떤 권리에 의해서도 세속적 재산을 박탈당할 수 없습니다. 또한 이곳에서 어떤 국민의 권리도 종교적 이유 때문에 변경되거나 침해당할 수 없듯이 딴 곳에서도 그렇습니다.

그러나 어떤 사람들은 말하기를 우상 숭배는 도덕적 범죄며 따라서 관용될 수 없다고 합니다. 그래서 그들이 말하기를 그 죄는 피해야 할 것이라고 말한다면 그 추론은 그런 대로 좋다고도 볼 수 있습니다. 그러나 그렇다고 해서, 즉 어떤 것이 도덕적 범죄가 된다고 해서 그것이 곧 통치자에 의해서 처벌되어야 함을 말하는 것은 아닙니다. 왜냐하면 통치자의 생각에 하나님에게 죄가 된다고 생각되는 모든 일에 대해서 무조건 칼을 사용하는 것이 그가 할 일은 아니기 때문입니다. 탐욕·무자비함·게으름 그리고 그 밖에 이런 종류의 것들은 모든 사람들이 다 도덕적 범죄라고 생각하는 것들입니다. 그러나 누구도 이런 것에 대해서 통치자가 형벌을 가해야 한다고는 결코 말하지 않습니다. 그 이유란 이러한 것들이 다른 사람의 권리에 손상을 가하지도 않고 사회 공공의 평화를 파괴하는 것도 아니기 때문입니다. 심지어는 거짓말하거나 위증하는 것도 그 일이 야비하고 하나님에 대한 범죄이긴 하나, 그것이 이웃 사람에게나 나라에 손해를 끼치는 것이 아니라면 어느 곳에서도 법으로 처벌하지 않습니다. 만일 다른 나라에서 이슬람교인 군주이거나 다른 이교도 군주에게 기독교라는 종교가 거짓으로 보이고 하나님에게 범죄를 저지르는 것처럼 보인다면 어떻게 될까요? 똑같은 이유 때문에 똑같은 방식으로 뿌리째 뽑혀져야 하는 건가요?

그러나 모세의 법에 의하면 우상숭배자들은 뿌리째 뽑혀야 한다고 주장하는 사람도 있을 수 있습니다. 모세의 법에 의하면 사실 그렇습니다. 그러나 그것은 우리 기독교인들에게는 의무적 사항이 아닙니다. 누구도 일반적으로 모세의 법에 의해서 명령된 모든 것들이 기독교인들에 의해서 지켜져야 한다고 주장하지 않습니다. 그러나 여기서 사람들이 보통 사용하는 도덕

법, 사법상의 법, 의례적 법의 구별까지는 구태여 안 해도 될 것 같습니다. 왜냐하면 어떤 실정법도 그 실정법이 해당하는 사람들 외에는 어떤 사람들에게도 강요될 수는 없기 때문입니다. '들어라 오 이스라엘이여'라는 구절로도 충분히 모세의 법을 따르는 것이 오로지 그 백성들에게만 국한된다는 것을 알 수 있습니다. 그러므로 이것만으로도 모세의 법의 권위를 주장하면서 소위 우상숭배자들에게 사형이라는 처벌을 가하는 사람들에게 충분한 답이 될 수 있습니다. 그러나 나는 이것에 대한 논의를 약간 더 상세히 해보겠습니다.

우상숭배자들에 대해서는 유태인 국가와 관련해서 두 가지 입장에서 고려해볼 수 있습니다. 첫째는 모세의 의식에 참여해서 유태인 국가의 국민이 되었으나 이스라엘의 하나님의 숭배의 신앙을 저버린 사람들에게 적용되는 경우입니다. 이들은 대역죄 못지않은 혐의를 받는 배신자로서 혹은 반역자로서 소송된 사람들입니다. 왜냐하면 유태인 국가는 다른 나라와는 달리 절대적인 신정(神政) 국가였기 때문입니다. 거기에는 국가와 교회 사이에 어떠한 차이도 없었고 혹은 있을 수도 없었습니다. 보이지 않는 하나의 신을 예배하기 위해서 수립된 법률들은 그 국민의 국가적 법이었고 그들의 정치적 정부의 한 부분이었습니다. 그래서 그곳에서는 하나님 자신이 입법자가 되었습니다. 이제 누군가가 내게 지금 이때도 그와 같은 기초 위에 세워진 국가가 있는 곳을 보여준다면 나는 거기에서도 교회의 법이 국가의 한 부분이 되어야 한다는 것을 인정할 것입니다.

그리고 그 정부의 국민들은 국가의 권력에 의하여 교회에 철저히 순응할 수 있고 또한 순응해야 한다는 사실을 인정할 것입니다. 그러나 복음 아래서는 기독교 국가와 같은 그런 것이 절대로 없습니다. 실로 그리스도의 신앙을 받아들인 도시와 왕국들이 많이 있습니다. 그러나 그들은 그들이 가졌던 옛 정부 형태를 그대로 유지하고 있으며 그리스도의 법은 전혀 그것을 간섭하지 않았습니다. 실로 그리스도는 사람들에게 신앙과 선행을 통해서 영생을 얻을 수 있는 방법을 가르쳤습니다. 그렇지만 그는 어떠한 국가도 세우지 않았습니다. 그는 그의 제자들에게 어떠한 새롭고도 특이한 형태의 정부를 지시하지 않았습니다. 또한 어떠한 통치자의 손에도 검을 쥐어주지 않았습니다. 따라서 검을 가지고 사람들이 전에 가졌던 종교를 버리고 자신의 종교를 받아들이도록 강요할 수 있는 임무를 주지도 않았습니다.

두 번째로 외국인들, 그리고 이스라엘 국가에 있는 낯선 나그네들 같은 사람들에게 적용되는 경우입니다. 이들에게는 모세 법의 의식을 따르도록 힘으로써 강제할 수가 없었습니다. 우상숭배자인 이스라엘 사람들은 반드시 사형에 처해야 한다는 명령이 있는 『성경』 구절 바로 그곳, 즉 출애굽기 22장 21절에 이방 나그네들은 '괴로움을 당해서도 안 되고 억압받아서도 되지 않는다'고 쓰여 있습니다.9) 나는 이스라엘의 하나님이 이

---

9) 출애굽기 22장 20절 : 여호와 외에 다른 신에게 희생을 드리는 자는 멸할지니라. 출애굽기 22장 21절 : 너는 이방 나그네를 압제하지 말며 그들을 학대하

스라엘에게 약속되었던 땅을 차지하고 있었던 일곱 종족을 완전히 파멸하도록 명령한 것을 인정합니다. 그러나 이것은 단지 그들이 우상숭배자들이기 때문에 그런 것이 아닙니다. 왜냐하면 그것이 이유였다면 왜 모압 사람(Moabites)들과 다른 종족들은 제외되었을까요? 그 이유는 이렇습니다. 하나님은 특수한 방식으로 유태인의 왕이었기 때문에 어떤 다른 신이 숭배받는 것을 용인할 수가 없었습니다. 어떤 다른 신을 숭배하는 것은 그의 왕국인 가나안 땅에서 당연히 하나님에 대한 대역죄의 행위에 해당하는 것이었습니다. 왜냐하면 그와 같은 명백한 반역은 그 나라에서는 완전히 정치적이기도 한 하나님의 지배와 결코 양립할 수 없었기 때문입니다. 그러므로 모든 우상 숭배는 그의 왕국으로부터 뿌리 뽑혀야 하는 것이었습니다. 왜냐하면 우상 숭배는 또 하나의 하나님을 인정하는 것이 되기 때문이었습니다. 다시 말해서 제국의 법에 맞지 않게 또 하나의 왕을 인정하는 것이기 때문이었습니다. 그 땅의 모든 재산들을 이스라엘 사람들에게 주기 위해서 거주민들 또한 쫓겨나야 했습니다. 그리고 신명기 2장 12절을 보면, 똑같은 이유로 에임 사람들(Emims)과 호리 사람들(Horims)도 에서(Esau)와 롯(Lot)의 후손들에 의하여 그들의 나라 밖으로 쫓겨났습니다. 그리고 똑같은 근거로 그들의 땅은 하나님에 의해서 침략자인 이스라엘 사람들에게 주어졌습니다. 그러나 모든 우상 숭배가 가나안 땅으로부터 그렇게 뿌리가 뽑혔지만 모든 우상숭배자들이

지 말라. 너희도 애굽 땅에서 나그네였음이라.

다 사형에 처한 것은 아닙니다. 라합(Rahab)[10]의 모든 가족들과 여호수아(Joshua)의 노예가 된 모든 기브온 종족들(Gibeonites)[11]은 조약을 맺고 생명이 허락되었습니다.[12] 그리고 유태인들 가운데에는 많은 포로들이 있었는데 이들은 우상숭배자들이었습니다. 다윗(David)과 솔로몬(Solomon)은 약속의 땅의 경계선을 넘어 많은 나라들을 정복했고 나아가서 유프라테스 강 유역까지 정복을 넓혀갔습니다. 우리는 유태인에 의해 정복당함으로써 유태인의 말을 들을 수밖에 없는 처지에 놓인 많은 나라들에서 끌려온 많은 포로들 가운데 한 사람도 유태인의 종교를 믿도록 강요당하거나 참된 하나님의 예배에 참여할 것을 강요당한 것을 본 적이 없으며, 분명히 우상 숭배의 혐의가 있으나 그것 때문에 처벌당한 것을 발견할 수가 없습니다. 만일 이들 중 어느 누구라도 개종자가 되어서 유태 나라의 귀화인이 되기를 원한다면 유태인의 법을 따라야만 했습니다. 즉, 그들의 종교를 받아들여야만 했습니다. 그러나 이것은 개종자 자신의 의지에 따라 자발적으로 한 것이지 강제에 의해서 이렇게 된 것이 아니었습니다. 그는 자신의 순종을 보여주기 위해서 본의 아니게 굴복한 것이 아닙니다. 그는 스스로 순종을 하나의 특권으로 추구했고 요청했던 것입니다. 그리고 그는 그렇게 받아들여지자마자 유태 나라 법률의 지배를 받게 되었습

---

10) 여리고(Jericho) 성의 매춘부로서 여호수아가 보낸 두 명의 척후병을 숨겨주었다. 이로 말미암아 나중에 라합의 가족은 죽음을 면하게 되었다.
11) 여호수아를 속여서 멸망을 면하고 이스라엘 사람들의 노예가 되었다.
12) 여호수아서 9장.

니다. 그 법률에 의해 모든 우상 숭배는 가나안 땅의 경계선 안에서는 금지되었습니다. 그러나 그 법은 이미 내가 말한 대로 그 경계선을 넘어서 있는 지역 어느 곳에서도 — 그곳이 아무리 유태인에게 종속되어 있다 할지라도 — 적용되지 않았습니다.

우리는 이제까지 외적인 예배에 관해 이야기했습니다. 이제 우리는 신앙 조항에 대해서 생각해봅시다.

종교 생활의 항목 중에 어떤 것들은 실천적인 것이고 어떤 것들은 사변적인 것입니다. 이 둘 다 진리를 아는 데 필요하지만 사변적인 것은 단순히 오성(悟性. understanding)에서 끝나고 실천적인 것은 인간의 의지와 행동 양식에 영향을 줍니다. 그러므로 사변적인 신념과 소위 신조(信條)는 — 여기에는 단지 믿음만이 요구되는데 — 이 땅의 법에 의해서 어떤 교회에도 강요될 수 없는 성질의 것입니다. 왜냐하면 그것을 수행하는 것이 인간의 힘의 영역 안에 들어 있지 않은 것들을 법을 가지고 명령하는 것은 말이 안 되는 일이기 때문입니다. 즉, 이것을 혹은 저것을 참이라고 믿는 것은 우리의 의지에 달려 있지 않기 때문입니다. 여기에 대해서는 이미 충분히 이야기했습니다. 그렇지만 어떤 사람들은 사람들로 하여금 적어도 믿음을 가지고 있다고 고백하게 할 수 있다고 말합니다. 그렇게 한다면 우리는 그것을 달콤한 종교라고 말할 수 있지 않을까 생각합니다. 왜냐하면 그런 종교는 그들의 영혼을 구원한다는 명분으로 위선을 강요하고 또 하나님과 사람에게 모두 거짓말을 하도록 강요하는 종교이기 때문입니다. 만일 통치자가 인간을 그렇게 구원할 수 있다고 생각한다면 그는 구원의 방법에 대해서 거의 이해하는 바가 없다고 볼 수 있습니다. 만일 그가 사람들을 구원하기 위해 그렇게 하는 것이 아니라면 왜 그가 신조(信條)들을 법령화할 정도로 그렇게 신조에 대해서 관심을 많이 가지고 있겠습니까?

나아가서 통치자는 어느 교회에서도 어떤 사변적인 신념을 설교하거나 신앙 고백하는 것을 금해서는 안 됩니다. 왜냐하면 그것은 국민으로서의 권리와는 아무런 상관이 없기 때문입니다. 만일 로마 가톨릭 교도가 다른 사람이 빵이라고 하는 것을 그리스도의 진짜 몸이라고 믿는다고 해서 그것으로 해서 이웃에게 해를 끼치지는 않습니다. 만일 유태인이 신약 성서는 하나님의 말씀이라고 믿지 않는다고 해도 그것으로 인해 그가 다른 시민의 권리에 변화를 주는 것은 아닙니다. 만약 이교도가 구약성서와 신약성서 둘 다 의심한다고 해서 그들을 남에게 해를 끼치는 시민이라고 처벌해서는 안 됩니다. 어느 사람이 이러한 신념들을 믿든 안 믿든 통치자의 권한과 사람들의 재산은 여전히 안전합니다. 물론 나는 이러한 신념들이 거짓되고 터무니없을 수 있다는 것을 기꺼이 인정합니다. 그러나 법이 해야 할 일은 어떤 신념이나 견해의 진리 여부를 규정하는 것이 아니라 국가와 모든 국민의 재산과 몸의 안전과 안보를 지키는 것에 대해 규정하는 것입니다. 그리고 반드시 그렇게 되어야 합니다. 왜냐하면 진리란 그냥 내버려두어도 결국은 충분히 번창하는 법이기 때문입니다. 진리란 여태까지 위대한 사람들의 힘으로부터 많은 도움을 받아본 적이 거의 없으며 우려하건대 앞으로도 그럴 것이라고 생각합니다. 왜냐하면 진리는 힘 있는 사람에게 이해되어본 적이 거의 없으며 환영받아본 적은 더욱더 없는 편이기 때문입니다. 진리는 법의 힘에 의해서 가르쳐지는 것이 아닙니다. 또한 진리는 사람들의 마음에 파고 들어가는 데에 물리적 강제력을 요구하지도 않습니다. 그런데도 진리를 전파하는 데에 진리 자체 말고 외부로부터의 원군(援軍)을 요청하는 잘못을 저지르는 일이 실로 만연되어 있습니다. 그러나 진리가 자신의 빛에 의해서 이해되지 않으면 진리는 외부의 물리적 강제력이 그것에 가할 수 있는 빌려온 힘 때문에 그만큼 더 약화될 뿐입니다. 사변적 신념에 대해서는 여기까지 이야기하기로 합시다. 이제 실천적 신념에 대해서 이야기해보겠습니다.

종교와 종교적 경건의 적지 않은 부분을 차지하는 선한 생활은 또한 국가의 정부와도 관련이 있습니다. 인간의 영혼과 국가의 안전은 둘 다 바로 이 선한 생활 위에 놓여 있습니다. 그러므로 도덕적 행동은 외적인 법정과 내적인 법정의 두 법정의 관할 영역에 모두 속하는 것입니다. 그리고 국가의 통치자 그리고 가정의 통치자 모두의 관할 영역입니다. 내가 의미하는 바는 도덕적 행동은 통치자의 관할 영역이기도 하고 양심의 관할 영역이기도 하다는 말입니다. 그러므로 여기에는 한쪽이 다른 쪽을 침해할 커다란 위험이 있을 수 있으며, 공공의 평화의 수호자와 영혼의 감독자들 사이에 불화가 일어날 수 있는 큰 위험이 도사리고 있습니다. 그러나 이 두 정부의 한계에 대해서 이미 이야기한 것을 잘 숙고하면 이 문제에 대한 모든 어려움을 쉽게 제거할 수 있습니다.

　사람은 누구나 영원한 행복 혹은 영원한 불행을 가능케 하는 불멸의 영혼을 가지고 있습니다. 그런데 그 영혼의 행복과 불행은 그가 이승에서 하나님의 은총을 얻기에 필요한 것들과 하나님이 그러한 목적을 위해서 규정한 것들을 믿고 또한 행하느냐에 달려 있습니다. 그러므로 이로부터 다음과 같은 사실이 따라오게 됩니다. 첫째로, 이러한 것들을 준수하는 것은 인류 앞에 놓인 가장 고매한 의무이기 때문에 이러한 것들을 찾아서 실행하는 데에 우리의 최대의 정성과 노력과 근면을 바쳐야 합니다. 왜냐하면 이 세상에는 영원과 비교해볼 때 조금이라도 고려해볼 만한 대상이 아무것도 없기 때문입니다. 둘째로, 어떤 사람의 잘못된 종교적 견해나 적당치 못한 예배 방식에 의해 다른 사람의 시민적 권리가 침해받는 것이 아니며, 그의 잘못된 신앙 생활로 말미암아 그가 영원한 지옥에 가는 것이 다른 사람의 일에 해를 끼치지는 않습니다. 그러므로 각자의 영혼 구원을 돌보는 일은 오로지 자신에게만 속한 문제입니다. 그러나 이 말은 모든 자비로운 충고, 사람들을 잘못으로부터 고치기 위한 사랑이 담긴 노력을 비난하는 것은 아닙니다. 이것들이야말로 기독교인의 가장 큰 의무입니다. 어느 누구든지 다른 사람의 구원을 위해서 자기가 원하는 만큼의 권고를 줄 수 있으며 논쟁을 벌일 수 있습니다. 그러나 모든 폭력과 강제는 금해져야 합니다. 어느 것도 고압적인 자세로 행해져서는 안 됩니다. 그러한 방식으로 이루어지는 다른 사람의 충고나 권고는 자기 스스로 확신하는 것보다 더 많은 순종을 낳을 수가 없습니다. 그런 면에서 볼 때 모든 사람은 스스로 판단할 수 있는 최고의 그리고 절대적인 권위를 가지고 있습니다. 그 이유는 자기 말고 어느 누구도 그 일에 직접 관계되지 않기 때문이고 그의 이런 행동으로부터 누구도 어떠한 해도 받지 않기 때문입니다.

그러나 사람들은 불멸의 영혼 외에 또한 지상에서의 현세의 삶을 가지고 있습니다. 현세의 삶이란 덧없고 무상하고 얼마나 지속할지 확실치 않기 때문에 사람들은 그것을 뒷받침해줄 수 있는 몇 가지 편의를 제공하는 것들이 있을 필요가 있습니다. 그런데 이것들은 사람의 수고와 근면을 통해서 확보되고 보존됩니다. 왜냐하면 우리의 삶을 편안하게 도와주는 데 필요한 것들은 자연에서 저절로 나는 것들이 아니고 또한 우리가 사용하기에 알맞도록 준비된 채로 나타나는 것들이 아니기 때문입니다. 그러므로 이 지상의 현세적 삶은 우리에게 저승의 삶과는 다른 보살핌을 요구합니다. 그래서 우리에게 필연적으로 또 다른 일이 주어집니다. 그러나 인간들은 타락해서 자기의 노력으로 스스로 마련하기보다는 다른 사람들의 수고로 이루어놓은 결과를 불법적으로 약탈합니다. 그래서 정직하고 근면하게 일해서 얻은 것들을 소유하는 사람들을 보호할 필요성 때문에 그리고 또한 그들의 자유와 힘을 — 이를 통해 사람들은 자신들이 이미 얻은 것보다 더 많은 것을 원할 때 그것을 얻을 수 있습니다 — 보존할 필요성 때문에 사람들은 다 같이 사회라는 집단에 들어가지 않을 수 없게 됩니다. 이 사회 안에서 사람들은 서로 돕고 힘을 합함으로써 이승의 편안함과 행복에 도움이 될 그들의 재산을 서로 지켜줍니다. 한편, 자기 자신의 영원한 행복을 돌보는 일은 각자에게 맡겨집니다. 자신의 영원한 행복을 얻는 것은 다른 사람의 근면을 통해서 용이해질 수 있는 것도 아니고 그것을 잃는다고 해서 다른 사람에게 피해를 줄 수 있는 것도 아닙니다. 또한 영원한 행복에 대한 희망은 외적인 폭력을 통해서 억지로 박탈당할 수 있는 것도 아닙니다. 그러나 자신들의 현세의 재산을 보호할 목적으로 서로 간의 협조의 맹약을 통해서 사회라는 집단에 들어간 사람들도 동료 시민들의 강탈과 사기에 의하여 혹은 외국인의 적대적인 폭력에 의하여 그들의 재산을 박탈당할 수 있습니다. 이러한 재해를 구제할 수 있는 길은 무기와 풍부한 재산과 그리고 다수의 시민에 있습니다. 그리고 다른 재해들을 치료할 수 있는 방법은 법률에 의존하는 것입니다. 이러한 모든 것들을 돌보는 일이 사회 집단에 의해서 국가 통치자에게 맡겨집니다. 이것이 입법부의 기원이고 목적이며 한계입니다. 이 입법부는 모든 공화국에서 최고의 권력 기관입니다. 이로써 내가 의미하는 바는 각자의 사유 재산의 보호를 위해, 전 국민의 평화 · 재산 · 공적인 물자의 보호를 위해 그리고 외국의 침략을

대비해 국내의 힘을 가능한 한 최대로 키우기 위해 입법부는 법적 규정을 만들 수 있다는 것입니다.

위와 같은 설명을 통해서 우리는 입법부의 힘이 어떤 목적을 지향해야 하는지, 어느 정도로 통제되어야 하는지를 쉽게 이해할 수 있습니다. 그리고 사람들이 사회라는 집단에 소속되는 유일한 이유는 현세의 재산과 그 사회의 외적인 번창을 위한 것임을 이해할 수 있습니다. 그래서 그것이 사람들이 사회 안에서 추구하고 목표하는 유일한 것이 됩니다. 그리고 또한 그들의 영원한 구원과 관련해서 어떠한 자유가 남게 되는지가 분명해집니다. 즉, 모든 사람들은 자신들의 양심에 비추어서 전능하신 신이 받아들일 것이라고 확신하는 것을 행해야 합니다. 사람들의 영원한 행복은 이 신이 충분히 만족해하고 얼마나 받아들일 수 있느냐에 달려 있습니다. 그러므로 사람들은 마땅히 우선 하나님에게 순종해야 하고 그 후에 세상의 법에 순종해야 합니다.

그런데 다음과 같이 묻는 사람도 있을 수 있습니다. '만일 통치자가 통치자의 권위를 가지고서 한 개인의 양심으로 볼 때는 합법적이 아니라고 보는 것을 명령한다면 어떻게 하겠습니까?' 이에 대해서 나는 다음과 같이 답변해보겠습니다. 우선 만일 정부가 충실하게 관리된다면 그리고 통치자의 의도가 실제로 공공의 선을 지향한다면 그런 일은 좀처럼 일어나지 않을 것입니다. 그러나 그런 일이 실제로 일어나면 그 시민은 자신이 불법적이라고 판단되는 행동에 대한 명령을 따르지 않을 것이고 그렇게 되면 그는 처벌받지 않을 수 없습니다. 물론 그가 생각할 때는 그가 처벌을 받는 것이 사회의 규칙이나 계약을 깨뜨리는 것처럼 보일 수도 있으나 그가 처벌을 받아들이는 것은 사회의 규칙을 깨는 것이 아닙니다. 왜냐하면 정치적인 문제에서 공익을 위해 제정된 법률에 관해 어떤 개인이 사적 판단을 내린다고 해서 그것 때문에 그 법을 지켜야 하는 의무가 없어지는 것도 아니고, 그 법의 적용으로부터 면제받을 자격이 주어지는 것도 아니기 때문입니다. 그러나 만일 그 법이 통치자의 권한의 범위 안에 있지 않은 것들에 대한 것이라면 어떻게 하겠습니까? 예를 들어 사람들이 혹은 어떤 일부 사람들이 강제적으로 낯선 종교를 받아들여야 하고 다른 교회의 예배와 의식에 강제적으로 참여해야 한다면 어떻게 하겠습니까? 이렇게 되면 사람들은 그들의 양심에 거슬러가면서까지 그 법을 따라야 할 의무가 없어집니다. 왜냐하면 정치적 사회는 다른 목적이 아니라 오로지 모든 사람들이 이승에서 가지고 있는 것들을 지켜주기 위해서 구성되었기 때문입니다. 영혼을 돌보는 것과 천국에 속하는 것들을 — 이것들은 국가에 속하지도 않으며 국가에 종속될 수도 없는 것들입니다 — 보호하는 것은 오로지 각자 자신에게 떠맡겨져 있습니다. 그러므로 사람들의 생명과 이승에 속한 것들을 보호하는 것은 국가의 일입니다. 그리고 그것들을 그 소유자가 보존하도록 하게 하는 일이 통치자의 의무입니다. 그러므로 통치자는 시민 정부의 목적과는 관계없는 명분, 즉 종교 때문에 어떤 사람 혹은 어떤 집단의 이 세속적 소유물을 빼앗아 다른 사람이나 다른 집단들에게 줄 수 없습니다. 또한 동료 시민들의 재산을 바꿀 수도 없습니다. 심지어는 법으로도 그렇게 할 수 없습니다. 왜냐하면 한 개인이 믿는 종교가 진실한 것이든 거짓된 것이든 그것은 다른 동료 시민의 세속적인 소유물에 — 이것들이 오로지 국가가 보호할 영역에 들어 있는 것입니다 — 해를 끼치지 않기 때문입니다.

그러나 만일 통치자가 그런 법을 공익을 위한 것이라고 믿는다면 어떻게 하겠습니까? 이에 대해서 나는 다음과 같이 대답하겠습니다. 어떤 사람의 사적인 판단에 잘못이 있을 경우에 그는 법을 지켜야 할 의무를 면제받을 수 없듯이, 통치자의 사적인 판단은 — 통치자가 공적인 목적을 위해서가 아니라 사사로운 이익을 위해서 판단할 때 나는 그것을 사적인 판단이라고 부를 수 있다고 생각합니다 — 정부의 헌법에서 그에게 부여되어 있지도 않았으며 국민들이 부여하지도 않았던 새로운 법을 부과할 권리를 주지 않습니다. 그럴 리는 없겠지만, 만일 통치자가 다른 사람들의 것을 약탈해서 자기의 추종자들과 자기와 같은 종파에 속하는 동료들을 부자로 만들고 그들의 뒤를 밀어주는 것을 자기의 일로 여긴다면 이것이야말로 사적인 판단에 해당하는 것입니다. 그럼에도 불구하고 통치자가 그러한 법을 만들 권리를 가지고 있다고 믿고 또한 그러한 법이 공익을 위한 것이라고 믿고 있는데 반면에 국민들은 그 반대로 믿는다면 어떻게 해야 합니까? 이 경우에는 이들 사이에 누가 재판관이 되어야 합니까? 내 생각에 이때는 하나님만이 재판관이 될 수밖에 없습니다. 왜냐하면 이 세상에서는 최고의 권력을 가진 통치자와 국민들 사이를 중재할 재판관은 아무도 없기 때문입니다. 거듭 말하건대 이러한 경우에 하나님이 유일한 재판관입니다. 그는 마지막 날에 사람들 각자의 공과에 따라 응분의 상벌을 줄 것입니다. 즉, 경건, 공공의 복리 그리고 인류의 평화를 위해서 얼마나 진지하게 그리고 정직하게 노력한 정도에 따라서 응분의 상벌을 줄 것입니다. 그러나 그때까지 우리는 어떻게 해야 합니까? 내 생각은 다음과 같습니다. 모든 사람이 가장 중요하게 그리고 우선적으로 돌봐야 하는 것은 그 자신의 영혼을 돌보는 일이고 그 다음으로 공공의 평화입니다. 그런데 사람들 사이에는 두 종류의 분쟁이 있습니다. 하나는 법으로 처리되고 다른 하나는 힘에 의해 다루어집니다. 그것들은 그 성격상 전자가 끝나는 곳에서 언제나 후자가 시작하게끔 되어 있습니다. 그러나 여러 나라의 다른 헌법들 가운데에 있는 통치자의 권한에 대해서 조사하는 것이 지금 내가 해야 할 일은 아닙니다. 나는 단지 분쟁들이 일어나는 곳에서 그 분쟁들을 처리해줄 재판관이 없을 경우에 대체로 무슨 일이 벌어질지에 대해서 알 뿐입니다. 당신은 아마도 통치자가 더 강자이기 때문에 자신의 뜻대로 할 것이고 결국 자기 목적을 달성하리라고 말할 것입니다. 그것은 의심의 여지가 없는 사실일 것입니다. 그러나 여기서 문제는 결과가 어떻게 될 것이냐가 아니라 정의의 통치에 관한 것, 즉 정의가 제대로 이루어지고 있느냐, 법이 제대로 해석되고 집행되고 있느냐입니다.

이제 좀더 상세하게 알아보기로 합시다. 우선 나는 다음의 사실을 이야기하고 싶습니다. 인간의 사회에 반대되는 견해 혹은 시민 사회의 보존을 위해서 필요한 저 도덕적 규칙들에 반대되는 견해는 모두 통치자에 의해서 관용될 수 없습니다. 그러나 실제에서 어떤 교회도 그럴 정도의 견해를 가진 경우란 드물다고 보아야 할 것입니다. 사회의 기초를 무너뜨리고 따라서 모든 인류로부터 비난받을 것을 종교의 교리로 가르칠 정도로 정신이 나간 교회를 만나기란 실제에서 좀처럼 드문 일일 것입니다. 왜냐하면 그렇게 되면 그 교회 자체의 이익, 평화, 명성 그리고 그 밖의 모든 것이 위태롭게 될 것이기 때문입니다.

또한 은밀한 악이 있는데 그것은 위에서 이야기한 견해보다도 국가에 더 위험을 주는 것입니다. 그것은 사람들이 부당하게 어떤 특권을 자기 자신의 것으로 그리고 자기가 속한 분파의 사람들의 것으로 만들 때 생기는 악입니다. 그런데 이 특권이라는 것은 사람을 속이는 말로 그럴 듯하게 겉포장을 했으나 실제에서는 공동체의 시민의 권리에 반대되는 것입니다. 예를 들어 우리는 명백하게 그리고 공공연하게 다음과 같이 가르치는 교파를 발견하지 못합니다. 자신들의 약속을 지켜야 할 의무가 없다 : 군주들은 그들과 종교적으로 다른 견해를 가진 사람들에 의해서 폐위될 수도 있다 : 모든 것에 대한 지배권이 단지 자신들에게만 속한다. 우리는 이런 주장을 공공연하게 명백하게 가르치는 교파들을 발견할 수 없습니다. 왜냐하면 이런 것들이 적나라하게 그리고 분명하게 제안이 되면 곧 통치자의 눈에 드러나게 되고 그가 곧 손을 보게 되기 때문입니다. 그래서 정부는 그렇게 위험한 악이 퍼져나가는 것을 경계하게 됩니다. 그러나 그럼에도 불구하고 우리는 다른 말로써 똑같은 내용을 말하는 사람들을 보게 됩니다. '이단자들과는 신의를 지킬 필요가 없다'고 가르치는 사람들의 말에 언외의 뜻은 무엇이겠습니까? 참으로 그들이 의미하는 것은 신의를 깨뜨리는 특권을 자기들이 가졌다는 것입니다. 왜냐하면 그들은 자기네들 교파에 속하지 않는 사람들을 모두 이단자라고 선언하거나 적어도 그들이 그렇게 하는 것이 맞다 생각할 때는 언제나 자기 교파에 속하지 않는 사람들을 그렇게 선언할 수 있기 때문입니다. 그들이 '파문당한 왕은 왕관과 왕국을 몰수당해야 한다'고 주장할 때 무슨 의미를 담고 있을까요? 그것으로 그들이 뜻하는 바는 그들은 왕을 폐위시킬 권한을 자기네들이 갖고 있다고 주장하는 것이 분명합니다. 왜냐하면 그들은 파문의 권한을 자기네들의 성직자들이 갖고 있는 특별한 권리로서 감히 요구하기 때문입니다. 또한 '그 통치권이 은총 가운데에 세워져 있다'는 주장을 하는 사람들이 있습니다. 이렇게 주장하는 사람들은 모든 것에 대해서 소유권을 가졌다고 명백하게 주장하는 것입니다. 왜냐하면 이들은 자신들이 진정으로 경건하고 믿음이 굳다고 생각하며, 충분히 그렇게 공언할 수 있을 정도의 역량을 가진 사람들이라고 스스로 믿기 때문입니다. 그러므로 이 사람들 그리고 이와 유사한 사람들로서 다음과 같은 사람들, 즉 시민으로서 관계있는 일들에서 다른 사람들보다 더 큰 특권이나 권한이 신앙심이 깊은 자, 종교적인 자 그리고 정통 신앙을 가진 자에게 속한다고, 솔직히 말하자면 바로 자신들에게 속한다고 주장하는 사람들, 혹은 종교의 미명 아래 그들 교회의 성찬식에서 자신들과는 전혀 상관없는 것들에 대해서 어떤 권위를 감히 요구하는 사람들, 말하건대 이런 사람들이야말로 통치자에 의해서 관용을 받을 권리가 전혀 없는 사람들입니다. 종교 문제에 대해서 모든 사람들을 관용해야 하는 의무를 고백하지 않으려 하거나 가르치지 않으려고 하는 사람들이 관용의 대상이 되지 못하는 것과 마찬가지로 이들도 관용의 대상이 될 수 없습니다. 왜냐하면 이러한 교리 그리고 이와 유사한 교리들이 모두 의미하는 바는 다름 아니라 그들이 정권을 강탈할 수도 있으며 또 어느 때라도 기꺼이 그렇게 할 준비가 되어 있으며 나아가서 그들의 동료 국민의 토지와 재산을 소유하겠다는 것이기 때문입니다. 또한 그들은 자기들의 목적을 성취할 정도로 자신들이 강력한 힘을 소유할 때까지만 통치자로부터의 관용을 요구할 뿐이기 때문에 그들은 관용의 대상이 될 수 없습니다.

또 한편, 자기 교회에 입회한 사람은 누구나 입회했다는 바로 그 사실 자체로부터 다른 군주의 보호와 은혜를 받도록 자신을 넘겨준다는 기본 교리 위에 세워진 교회는 통치자로부터 관용을 받을 권리를 가질 수 없습니다. 왜냐하면 이렇게 됨으로써 통치자는 그 자신의 나라 안에서 한 외국인의 관할 영역이 세워지는 것을 보아야 할 것이고 말하자면 그의 국민이 통치자의 정부에 반대하는 군인들의 목록에 오르는 것을 묵인하게 될 것이기 때문입니다. 왕실과 교회를 엉성하게 그리고 잘못되게 구분해놓으면 이런 잘못된 일을 제대로 고칠 수가 없습니다. 특히 왕실과 교회가 모두 다 똑같이 한 사람의 — 이 사람은 자기 교회의 신도들에게 자기가 명령하는 것이 순수하게 종교적인 것이든 세속적인 것이든 그것을 설득할 수 있는 힘이 있을 뿐 아니라 그들이 자기가 명령한 것을 제대로 지키지 않는다면 영원한 불의 형벌을 준다는 위협을 주면서까지 명령할 수 있는 힘을 가지고 있습니다 — 절대적인 권위에 종속될 경우에 그렇습니다. 누군가가 자기 자신을 단지 종교적으로만 이슬람교도이고 그 밖에 모든 면에서는 기독교인 통치자의 충실한 국민이라고 고백하면서도 한편으로는 콘스탄티노플에 있는 회교 최고 지도자에게 맹목적으로 순종한다면 누가 보아도 그것은 말이 안 되는 이야기입니다. 왜냐하면 이 회교 최고 지도자는 자신은 오토만 제국의 제왕에게 완전히 순종하는 사람이며 그 제왕의 비위에 맞추어서 그 종교의 신의 계시를 만들기 때문입니다. 그러므로 기독교인들 가운데에 사는 이 이슬람교도가 다른 나라의 최고의 통치자인 사람을 동시에 자신의 교회의 우두머리로 인정하는 것은 그가 기독교인들의 정부를 부인하는 것을 명백히 보여주는 것입니다.

마지막으로 하나님의 존재를 부정하는 사람들은 전혀 관용을 받을 수 없습니다. 약속과 계약 그리고 맹세 같은 것들은 인간 사회의 결속을 가능케 해주는 것인데 이런 것들이 무신론자들에게는 아무런 효과를 발휘할 수가 없습니다. 오로지 인간들의 생각에서조차도 하나님을 제거해버리면 이 모든 것은 해체되어버립니다. 또한 무신론 때문에 모든 종교에게 해를 끼치고 파괴하는 사람들도 종교가 주장하는 관용의 특권을 감히 주장할 수 없습니다. 다른 실천적 신념들은 그것들이 모든 오류로부터 절대적으로 자유로울 수는 없지만 다른 사람들을 지배하지 않으려고 하지 않는다면 혹은 자신들을 가르치는 교회가 국가의 형벌로부터 벗어나 있는 게 아니라고 생각하지 않는다면 그런 실천적 신념들이 관용을 받지 못할 이유는 없는 것입니다.

　그런데 아직 더 말해야 할 것이 있습니다. 그것은 사람들이 통속적으로 말하는 집회(assembly), 즉 종교적 집회에 대한 것입니다. 이 집회는 때때로 비밀 집회로 불려왔고, 파당과 폭동의 온상으로 불려왔습니다. 그래서 사람들은 이 집회에 관용의 원리를 적용시키는 것을 강력하게 반대하는 생각을 갖고 있습니다. 그러나 이런 일이 생긴 것은 그런 집회가 지닌 어떤 특별한 경향 때문이 아니라 자유를 억압하고 자유를 잘못 정착시킨 불행한 환경에서 비롯된 것입니다. 만일 다음과 같이 관용의 법이 일단 정착되면 이 집회에 대한 이러한 비난은 곧 사라지게 될 것입니다. 즉, 모든 교회들이 관용을 그들 자신의 자유의 기초로서 규정하지 않을 수 없게 되고 또한 모든 교회들이 양심의 자유란 자신들에게 뿐 아니라 자신들의 교회에 불찬성하는 사람들에게도 똑같이 주어진 자연권이라는 것을 가르치지 않을 수 없게 되고, 어느 누구도 종교 문제에 관해서 법이나 무력으로 억지로 강요받아서는 안 된다는 관용의 법이 정착되면 이러한 비난은 사라지게 될 것입니다. 이런 일 하나만이라도 이루어지면 양심과 관련해서 생기는 불만과 소동의 모든 근거는 사라질 것입니다. 그리고 이러한 불만과 적의의 원인이 일단 제거되면 이 종교적 집회들이 다른 모임보다 덜 평화적이 될 이유가 없고, 국가의 평화를 어지럽힐 이유가 없습니다. 이제 우리는 종교적 집회가 이러한 비난을 받는 그 원천적 이유를 상세하게 조사해봅시다.

당신은 '종교적 집회와 모임은 공공의 평화를 위태롭게 하고 국가를 위협한다'고 말할 수 있습니다. 그러나 나는 다음과 같이 반문하고 싶습니다. 왜 매일 같이 그렇게도 많은 모임이 시장과 법정에서 있습니까? 왜 거래소에 군중들이 모여들고 도시에 사람들이 모이는 것을 허용합니까? 그러면 당신은 이 집회와 모임은 시민들의 집회이나 우리가 반대하는 집회는 교회의 집회라고 응답할 것입니다. 그렇다면 시민의 일과는 아주 거리가 먼 그런 집회들이 시민의 일을 가장 혼란스럽게 만드는 것처럼 보입니다. 시민들의 집회는 종교 문제에서 서로 다른 견해를 가진 사람들로 구성되어 있습니다. 그러나 이 교회들의 모임은 모두 하나의 견해를 가진 사람들의 모임입니다.

사람들은 종교 문제에서 의견을 같이하는 것을 정부에 대한 도전으로 생각하는 것 같습니다. 그러나 오히려 사람들이 종교 문제에 대해서 서로 의견을 달리해서 갈등이 생길 수 있는 집회를 갖는 것을 더 제한해야 하지 않을까요? 또한 사람들이 주장하기를 시민들의 집회는 공개적이고 누구나 자유롭게 들어갈 수 있으나 반면에 종교적 비밀 집회는 비공개적이며 은밀하게 모의를 꾸밀 기회를 준다고 합니다. 그러나 이것은 엄밀히 말해서 사실이 아닙니다. 왜냐하면 많은 시민들의 집회가 모든 사람에게 다 공개적인 것은 아니기 때문입니다. 만일 어떤 종교적 모임들이 비공개적이라면 그것에 대한 책임이 누구한테 있습니까? 공개되는 것을 원한 사람들입니까? 공개되는 것을 허용치 않은 사람들입니까? 당신은 또한 교회의 성찬식은 대단히 사람들의 마음을 하나로 묶고 서로 간의 애착심을 북돋워주는 것이기 때문에 그만큼 더 위험하다고 말할 것입니다. 그러나 만일 그렇다면 왜 통치자는 자기 자신의 교회는 두려워하지 않습니까? 왜 그는 그 교회의 집회는 그의 정부에 위험한 것이라고 금지시키지 않습니까? 그러면 당신은 그 자신이 그 집회의 한 부분이고 심지어는 그 집회의 우두머리가 되기 때문이라고 대답할 것입니다. 마치 그가 또한 국가의 한 부분이 아닌 것처럼 그리고 전 국민의 대표가 아닌 것처럼 말입니다.

그러므로 이 문제를 분명하게 풀어봅시다. 통치자는 다른 교회들은 두려워하지만 자기 자신의 교회는 두려워하지 않습니다. 왜냐하면 통치자는 자기 교회에 대해서는 친절하고 호의적이지만, 다른 교회들에 대해서는 모질고 잔인하게 대하기 때문입니다. 자기 교회는 어린애처럼 대우하고 심지어는 응석을 받아준 나머지 제멋대로 하게 내버려둡니다. 그러나 다른 교회들은 노예처럼 다루고, 그들이 아무리 비난받을 행동을 하지 않아도, 갤리선(galley)[13]을 노 젓게 한다든지, 감옥에 가둔다든지, 재산을 몰수한다든지 목숨을 빼앗는 것으로 보답을 합니다. 자기 교회는 소중하게 여기고 옹호하지만 다른 교회들은 계속해서 몹시 괴롭히고 억압합니다. 우리 한번 형세를 역전시켜보도록 합시다. 즉, 통치자가 다른 시민에게 그러는 것처럼 저 비국교도들에게도 일반 시민들이 누릴 수 있는 것과 똑같은 권리를 누리도록 해봅시다. 그러면 그는 곧 이 종교적 모임들이 더 이상 위험하지 않다는 것을 발견할 것입니다. 만일 사람들이 선동적인 음모에 가담했을 경우, 그 이유를 살펴보면 그들을 그렇게 부추긴 것은 그들이 믿는 종교의 모임 — 이들은 이 모임을 통해서 편안한 마음을 갖습니다 — 때문이 아니고, 사실은 그들이 믿는 종교 때문에 받게 되는 고통과 압제 때문인 것입니다. 정의롭고 온건한 정부 아래에서는 어디서나 평온하고 어디서나 안전합니다. 그러나 억압은 소요를 일으키며, 사람들로 하여금 사람을 불편하게 하는 이 전제적인 멍에를 벗기 위해 분투하게끔 합니다. 물론 종교적 이름 아래 소요가 매우 자주 일어난다는 것을 나도 압니다. 그러나 종교 때문

---

13) 옛날 노예나 죄수들에게 젓게 한 돛배.

에 시민들이 종종 학대를 받고 비참하게 사는 것 또한 사실입니다. 실은 소요가 일어나는 것은 이 교회 혹은 저 교회 혹은 종교 사회가 독특하게 지닌 어떤 특별한 기질로 말미암은 것이 아니라 모든 인간이 지닌 공통적인 성향에 기인하는 것입니다. 즉, 사람은 어떠한 무거운 짐 아래서 몹시 고통을 당할 때는 누구든지 그들의 목의 피부를 쓸려 벗기게 하는 멍에를 벗어던지려고 애쓰는 것이 당연한 것입니다. 종교 문제 말고 사람의 모습, 용모, 얼굴의 생김새가 다르다고 해서 사람과 사람들 사이에 차별 대우가 있다고 가정해봅시다. 예를 들면 검은 머리와 회색 눈을 가진 사람은 다른 시민들이 누리는 특권을 똑같이 누리지 못하는 경우, 물건을 사지도 팔지도 못하며 직업을 가질 수 없는 경우, 부모로서 자신들의 자식들을 교육시키지도 못하고 관리도 못하는 경우, 법률의 혜택으로부터 제외되거나 편파적인 재판을 받아야만 하는 경우, 이러한 경우에 이 사람들은 박해라는 단 한 가지 공통된 이유 때문에 뭉칠 것이고 이 경우 이 사람들도 단지 종교 때문에 결집된 사람들만큼이나 통치자에게는 위험하게 될 것은 의심할 수 없는 사실이 아닙니까? 어떤 사람들은 장사와 이익을 위해 회사에 들어가고 다른 사람들은 사업을 하려고 클라레(claret)[14]라는 적포도주 클럽을 만듭니다. 또 어떤 사람들은 그저 이웃에 합류하고 또 다른 사람들은 종교에 가입합니다. 그러나 사람들이 모여서 소요와 폭동을 일으키는 이유는 단 한 가지입니다. 단 한

---

14) (프랑스 Bordeaux산) 붉은 포도주.

가지 이유란 다름 아닌 사람들을 억압하는 것입니다.

당신은 다음과 같이 이야기할 것입니다. "왜 당신은 사람들이 통치자의 뜻에 어긋나게 교회의 예배에 모이는 것을 허용하려고 하는지 나는 이해가 안 갑니다." 그러면 나는 왜 그것이 통치자의 뜻에 어긋나느냐고 묻지 않을 수 없습니다. 통치자는 교회의 예배를 불법적으로 여길 권한이 없습니다. 그들이 만나는 것은 합법적이기도 하고 필요한 것입니다. 통치자의 뜻을 거역한다고 하셨죠? 그것이 바로 내가 불만스럽게 생각하는 것입니다. 그렇게 생각하는 것이 바로 모든 해악의 뿌리입니다. 왜 극장이나 시장에서의 모임보다 교회에서의 모임은 덜 허용되어야 합니까? 교회에서 모임을 갖는 사람들이 다른 데서 모임을 갖는 사람들보다 더 사악하지도 않고 더 불온한 것도 아닙니다. 그런데도 그들은 학대를 받고 있고 그들의 모임은 용인되지 않습니다. 시민으로서 갖는 보통의 권리가 그들에게는 불공평하게 주어지고 있는데 그 불공평을 제거해보십시오. 그리고 법을 바꾸어서 그들이 받고 있는 형벌을 제거해보십시오. 그러면 모든 것이 즉시 안전해지고 평온해질 것입니다. 그뿐 아니라 통치자의 종교를 싫어하는 사람들조차도 다른 곳에 못지않게 교회에서의 그들의 조건이 나아지게 되면 국가의 평화를 유지하는 데 자신들의 책임이 그만큼 크다고 생각할 것입니다. 그리고 몇몇 독립된 교회들은 모두 마치 공공의 평화의 수호자처럼 서로를 감독함으로써 어느 누구도 정부의 형태를 혁신시키거나 변화시키지 못하게 할 것입니다. 왜냐하면 그들은 이미 자신들이 누리고 있는 것, 즉 공정하고도 온건한 정부 아래서 그들의 동료 시민들과 동등하게 누리고 있는 조건을 더없이 만족스럽게 생각하기 때문입니다. 만일 종교 문제에서 왕과 일치하는 교회가 정부의 주된 지지를 받는다는 생각이 들고, 그 이유가 다른 것이 아니라 이미 본 대로 왕이 그 교회에 대해서 친절하고 법이 그 교회에 호의적이기 때문이라는 생각이 들면 그 정부의 안보는 불안할 것입니다. 그러나 모든 백성들이 그 소속이 어떠하든지 종교 때문에 차별을 받지 않고 왕에게서 똑같은 호의를 받고 똑같은 법의 혜택을 받으면 모든 선한 백성들은 정부를 다같이 지지하고 보호할 것입니다. 그리고 이웃에게 해를 끼치고 백성의 평화를 깨는 사람들 외에는 어느 누구도 법의 엄격함을 두려워하지 않을 것입니다. 따라서 이런 정부 아래의 안보가 훨씬 더 확고할 것은 말할 필요가 없을 것입니다.

따라서 우리는 다음과 같은 결론을 하나 내릴 수 있습니다. 즉, '결국 우리가 지향해야 할 것은 모든 사람들이 다른 사람들에게도 허용되는 것과 똑같은 권리를 향유하는 것입니다.' 로마 식으로 하나님을 예배하는 것이 허용되어 있습니까? 그렇다면 제네바 식으로 그렇게 하는 것도 허용되어 있어야 합니다. 시장에서 라틴어로 말하는 것이 허용되어 있습니까? 그렇다면 교회에서도 라틴어로 예배보고 싶은 사람이 있으면 그렇게 하도록 허용해야 하지 않겠습니까? 어떤 사람이 자기 집에서 무릎을 꿇거나 서 있거나 앉아 있거나 어떤 다른 자세를 취하거나 흰옷을 입거나 검은 옷을 입거나 그리고 짧은 옷을 입거나 긴 옷을 입거나 하는 일들이 합법적입니까? 이런 일이 합법적인 것이라면 교회 안에서 빵을 먹거나 포도주를 마시거나 물로 세례 받는 일 같은 것을 불법으로 하면 안 됩니다. 한마디로 말해서 일상적 생활에서 법적으로 자유롭게 보장되어 있는 일은 신에게 예배를 드리는 모든 교회에서도 자유롭게 하도록 내버려두어야 합니다. 이와 같이 예배를 드린다는 것을 이유로 예배를 드리는 사람들의 생명·신체·집·재산 그 어느 것에도 조금의 해를 입혀서는 안 됩니다. 당신은 장로교의 계율을 허용할 수 있습니까? 그러면 감독 교회도 또한 자기들이 좋아하는 계율을 가져야 하지 않겠습니까? 교회의 권위는 그것이 단 한 사람의 손에 의해서 관리되든 혹은 여러 사람에 의해서 관리되든 그것은 모든 곳에서 똑같습니다. 그리고 이 두 교파 모두 다 시민의 일에 대해서는 어떠한 권한이나 지배력을 갖지 못합니다. 어떠한 방식의 강제력도 갖지 못합니다. 또한 사람들의 재산이나 소득과도 전혀 관계가 없습니다.

교회의 집회와 설교는 일상의 경험과 공개적인 용인을 통해서 그 정당함이 입증됩니다. 그런데 현실을 보면 그것이 어떤 특정한 신조를 가진 사람들에게만 허용되고 있습니다. 왜 모든 사람에게 허용되지 않습니까? 물론, 만일 종교적 모임에서 어떤 것이 선동적인 것으로 여겨지고 공공의 평화와 모순이라면 그런 일이 시장에서 일어났을 때 다루어지는 방식과 똑같은 방식으로 처벌되어야 합니다. 이러한 모임들이 당파를 일으키는 파렴치한 사람들이 마음대로 활동할 수 있는 성역이 되어서는 안 됩니다. 또한 사람들이 교회에서 만날 때, 다른 집회장에서 만날 때보다 법을 덜 지켜서도 안 됩니다. 시민들 가운데 일부가 그들의 모임에 대해서 다른 사람들의 모임보다 더 비난을 받는다는 생각이 들어서도 안 됩니다. 모든 사람들은 자신의 행동에 대해 책임을 져야 합니다. 그리고 어떤 사람도 다른 사람의 잘못 때문에 의심을 받거나 미움을 받아서는 안 됩니다. 사람이 어떤 교회에 ─ 그 교회가 국교든 아니든 ─ 소속되어 있든지, 그가 소요를 일으킨다든지, 살인했다든지, 도둑질을 했다든지, 강도짓을 했다든지, 강간을 했다든지, 남의 명예를 훼손하는 등의 일을 했을 경우에는 처벌을 받아야 하고 그의 행동은 억제되어야만 합니다. 그러나 어떤 사람이 믿는 교리가 평화로운 것이고 그의 태도가 순수하고 흠이 없을 경우에는 그는 그의 다른 동료 시민들과 똑같은 조건 아래에서 취급받아야 합니다. 그러므로 만일 신성한 집회, 축제의 거행 그리고 공적인 예배가 어떤 교파의 신앙 고백자들에게 허용된다면 이 모든 것들은 장로교인들에게도, 독립교회파 사람들(Independents)에게도, 재세례파 사람들(Anabaptists)에게도, 아르미니우스파의 사람들(Arminians)에게도, 퀘이커 교도들(Quakers)에게도 그리고 그 밖의 다른 모든 교도들에게도 똑같은 자유가 허용되어야 합니다. 그리고 더 나아가서 우리가 공개적으로 진실대로 이야기하자면 사람은 모두 평등합니다. 따라서 이교도도, 이슬람교 교도도 그리고 유태인도 종교적 이유로 해서 국가의 국민으로서의 권리가 배제되어서는 안 됩니다. 복음은 그런 사람들을 배제하라고 명령하지 않습니다. 교회는 — 고린도 전서 5장 11절을 보면 '교회는 교회 밖에 있는 사람들을 판단하지 않는다고 되어 있습니다'[15] — 그렇게 하기를 원하지도 않습니다. 그리고 정직하고 평화롭고 근면한 모든 사람들을 공평하게 포용하는 국가도 그것을 요구하지 않습니다. 이교도가 우리와 상대하고 장사하는 것을 허용하면서 그들이 하나님에게 기도하고 예배하는 것은 허용하지 말아야 할까요? 만일 우리가 유태인들이 사적으로 집을 소유할 수 있고 우리들 가운데서 살게 허용한다면, 우리가 그들에게 그들의 회당을 갖게 하지 못할 이유가 어디 있습니까? 그들이 개인 집에서 모임을 갖지 않고 공개적으로 모임을 가지면 그들의 교리가 더 거짓으로 되고, 그들의 예배가 더 혐오스러워지고, 시민의 평화가 더 위태롭게 되는가요? 이러한 것들, 즉 기도·예배·회당 같은 것들이 유태인들과 이교도들에게 허용될지라도 기독교 국가에서 어떤 기독교인의 상황도 그들의 상황보다 더 나빠질 리가 없습니다.

그러나 아마도 당신은 기독교인의 상황은 더 나빠질 것이라고 말할 것입니다. 그 이유는 그들은 유태인이나 이교도들보다 더 파당적이고 소란스럽고 시민 전쟁을 쉽게 일으키기 때문이라고 할 것입니다. 이것은 기독교라는 종교의 결점일까요? 만일 그렇다면 진짜로 기독교라는 종교는 모든 종교 가운데서 가장 나쁜 종교일 것입니다. 따라서 어떤 사람도 가져서는 안

___
15) 그러나 이 구절은 고린도 전서 5장 11절에 나와 있지 않고 12절에 나와 있다.

될 종교이고 어떤 국가에서도 관용을 베풀어야 할 종교가 아닐 것입니다. 왜냐하면 시민의 평화를 깨뜨리고 파괴하는 것이 기독교 종교의 기질이고 본성이라면 통치자가 애지중지하는 그 교회 자체가 항상 무고한 것일 수는 없을 것이기 때문입니다. 그러나 이렇게 말하는 것은 우리가 기독교라는 종교에 대해서 알고 있는 것과는 정반대입니다. 기독교는 탐욕·공명심·불화·싸움 그리고 모든 방식의 과도한 욕심, 이런 것들을 가장 반대하는 종교이고, 따라서 여태까지의 종교 가운데서 가장 온건하고 평화로운 종교이기도 합니다. 그러므로 우리는 기독교에 주어지는 그러한 악의 원인을 다른 데서 찾아보아야 하겠습니다. 만일 우리가 올바르게 생각하고 있다면 그 원인이 전적으로 내가 지금 다루고 있는 주제에 있다는 것을 발견하게 될 것입니다. 종교 때문에 기독교 세계 안에서 있어왔던 큰 소동과 전쟁의 원인은 우리가 피할 수 없는 여러 가지 다양한 견해에 있는 것이 아니라 우리와 다른 견해를 가진 사람들에 대해서 우리가 허용했었을 수도 있었던 관용을 거절한 데 있는 것입니다. 탐욕과 채울 수 없는 지배욕으로 물든 교회의 우두머리들과 지도자들은 무절제한 통치자들의 야심과 경솔한 대중들이 쉽게 믿는 미신을 이용함으로써, 그리고 복음의 법과 자비의 교훈과는 반대로 종파분리자와 이교도들의 재산을 빼앗아야 하고 이런 자들은 파괴되어야만 한다고 설교함으로써 통치자들과 대중들을 부추겨서 자기들과 신념을 달리하는 사람들을 향해서 분노심을 갖도록 조종해왔습니다. 이렇게 해서 그들은 본질적으로 전혀 다른 두 가지의 것, 즉 교회와 국가를 함께 뒤섞어 뒤죽박죽으로 만들어 사람들로 하여금 그 구별을 제대로 못할 정도로 혼동케 했습니다. 이제 사람들은 자신들이 정직하고 근면하게 일함으로써 얻은 재산을 빼앗기는 것을 더 이상 참기 어렵게 되었습니다. 그리고 인간의 평등의 법에도 신의 평등의 법에도 어긋나게 자신들이 다른 사람들의 폭력과 강탈의 희생물로 넘겨지는 것을 더 이상은 참기 어렵게 되었습니다. 특별히 그들이 전혀 잘못이 없을 때 더욱 그렇습니다. 그들이 그렇게 취급받는 이유는 전혀 통치자의 관할 영역에 속하는 것이 아니고 전적으로 각자의 양심에 속한 문제로써 그것과 관련된 행동에 대해서 그는 오로지 하나님에게만 책임을 지면됩니다. 이들에게서 어떤 일을 기대할 수 있겠습니까? 그들은 그들이 겪는 불행과 고통의 악에 싫증이 난 나머지 결국에 가서 다음과 같은 생각을 가지게 되지 않겠습니까? 즉, 그들은 폭력에는 폭력으로 대항하고 종교 때문에 박탈당할 수 없는 자연권을 그들이 할 수 있는 한의 무기를 가지고 지키는 것이 합법적이라고 생각하지 않겠냐는 것입니다. 우리는 이것이 여태까지 보통 있어왔던 일이라는 것을 역사를 통해서 충분히 명백하게 알 수 있습니다. 그리고 금후로도 그렇게 될 것이라는 것이 이치상 너무나도 뻔합니다. 다음과 같은 경우에는 앞으로도 실로 조금도 달라질 게 없습니다. 즉, 여태까지 그래왔던 것처럼 종교에 대한 박해의 원리가 통치자와 사람들에게 널리 인정되는 한 그렇습니다. 그리고 평화와 일치를 설교해야 할 사람들이 자신들의 모든 기술과 힘을 가지고 계속해서 다른 사람을 흥분시켜 무기를 들게 하고 전쟁의 나팔을 부는 한 그렇습니다. 그러므로 통치자들이 선동자들과 공공의 평화를 깨뜨리는 자들을 보게 되는 것은 의아한 일이 될 수가 없습니다. 왜냐하면 통치자들은 설교자들에 의해서 약탈에 참여하도록 부추김을 받아서 통치자들의 권력을 확대하려는 수단으로 설교자들의 탐욕과 자만심을 이용하는 것이 알맞다고 생각하기 때문입니다. 이 경우에 그나마 선한 사람은 복음의 교역자들이 아니라 정부를 보살피는 자들이라고 볼 수 있습니다. 교회 지도자들은 왕들과 권력을 쥔 사람들의 야망에 아부하고 그들의 지배를 옹호함으로써, 교회에서는 달리 수립할 수도 없는 전제 정치를 국가 안에서 전력을 다해 진작시켜보려고 갖은 애를 다 쓴다는 것을 누가 모르겠습니까? 이것이 바로 우리가 보고 있는 교회와 국가 사이에 이루어지는 불행한 타협입니다. 그런데 실은 이들 각자가 자신의 경계선 안에 자신을 억제했다면, 즉 국가는 국가의 세속적 복지를 돌보고 교회는 영혼의 구원을 돌보는 일을 했다면 그들 사이에 어떠한 불행한 타협과 불화가 일어나는 일은 결코 없었을 것입니다. 그러나 그러지 못한 우리의 불명예를 부끄러워해야 합니다(Sed pudet haec opprobria). 나는 전능하신 하나님께서 다음과 같이 허락해주시기를 간절히 바랍니다. 마침내 평화의 복음이 설교되기를 허락해주소서. 국민의 통치자들이 자신들의 양심을 하나님의 법에 따르도록 좀더 유의함으로써, 그리고 인간의 법으로 다른 사람들의 양심을 구속하려는 일을 하지 않음으로써, 자신들의 조상들처럼 자신들의 계획과 노력을 그들의 모든 후손들의 — 교만하고, 통치할 수 없고, 형제들에게 해를 끼치는 사람들은 제외하고 — 시민적 복지를 보편적으로 신장시키는 일에 집중토록 허락하소서. 그리고 자신들을 사도들의 후계자로 자랑하는 교회의 성직자들이 사도들을 따라 평화롭고 온화하게 살아가고, 국가의 일에 간섭하지 않음으로써, 영혼의 구원을 신장시키는 데 자신들을 전적으로 헌신하게 허락하소서. 이제 이것으로써 제 이야기를 마치고 작별 인사를 드리려고 합니다.

그런데 이야기를 마치기 전에 이 자리에서 이단과 종파 분열에 대해서 두세 가지 이야기를 덧붙임으로써 그 의미를 확실하게 하는 것이 좋을 듯합니다. 터키의 이슬람교도는 기독교인에게 이단자도 종파 분리자도 될 수가 없습니다. 그리고 어떤 사람이 기독교 신앙을 버리고 떠나서 이슬람교를 받아들인 경우에 그는 그로 말미암아 이단자가 되는 것도 아니고 종파 분리자도 되는 것도 아닙니다. 이때 그는 배교자이거나 이교도가 된 것입니다. 이것을 의심할 사람은 아무도 없습니다. 그러므로 이러한 기준에 의하면 다른 종교를 가진 사람들은 서로 이단자가 되거나 종파 분리자가 될 수 없습니다.

그러므로 우리는 어떤 경우에 사람들이 똑같은 종교를 가졌다고 말하는가를 살펴보려고 합니다. 똑같은 신앙과 예배의 규칙을 가진 사람들이 똑같은 종교를 가졌고, 똑같지 않은 신앙과 예배의 규칙을 가진 사람들은 다른 종교를 가지고 있다는 것은 분명한 사실입니다. 왜냐하면 어떤 종교에 속하는 모든 것들은 그 종교의 규칙 안에 다 들어 있기 때문에 그 결과 필연적으로 어떤 규칙에 같이 동의하는 사람들은 같은 종교를 가진 것이고 그 반대도 마찬가지라는 사실이 따라오기 때문입니다. 그러므로 터키의 이슬람교도와 기독교도는 다른 종교를 가지고 있습니다. 왜냐하면 기독교도는『성경』을 자신의 종교의 규칙으로 받아들이고 터키의 이슬람교도는『코란』을 자신의 종교 규칙으로 받아들이기 때문입니다. 그리고 똑같은 이유로 심지어는 기독교인들 사이에서도 다른 종교가 있을 수 있습니다. 로마 가톨릭 교도와 루터교 교도는 둘 다 모두 그리스도에 대한 신앙을 고백하고 그래서 기독교인이라고 불리지만, 이 둘은 같은 종교가 아닙니다. 왜냐하면 루터교 교도들은『성경』만을 그들의 종교의 규칙과 기초라고 인정하지만 로마 가톨릭 교도들은『성경』과 더불어 전통과 교황들의 교령(敎令)을 받아들여서 이 모두를 함께 그들의 종교의 규칙으로 만들기 때문입니다. 따라서 소위 성 요한(St. John)의 기독교인들과 제네바(Geneva)의 기독교인들은 다른 종교를 가지고 있습니다. 왜냐하면 후자는 루터교 교도들처럼『성경』만을 받아들이지만 전자는 — 나는 이들이 구체적으로 어떤 전통을 가지고 있는지 모르지만 — 로마 가톨릭처럼 전통을 그들 종교의 규칙으로 받아들이기 때문입니다.

이와 같은 설명에 의해서 다음과 같은 결과가 따라옵니다. 첫째로, 이단이라는 것은 같은 종교를 가진 사람들 간에 어떤 견해들이 결코 규칙 자체에 포함될 수 없기 때문에 교회에서의 친교에서 벌어진 차이에서 생긴 것입니다. 그리고 두 번째로,『성경』외에는 아무것도 그들의 신앙 규칙으로 삼지 않는 사람들 사이에 이단이라는 것은『성경』에 분명하게 담겨 있지 않은 견해들 때문에 기독교인들의 친교에서 벌어진 분리를 말합니다.

이 분리는 이중의 방식으로 생겨납니다.

첫째로, 교회에서 다수의 사람이 혹은 통치자의 후원을 입은 강자들이 자신들이 가지고 있는 어떤 견해에—그런데 그 견해라는 것은『성경』에 분명하게 드러난 말 가운데서는 발견할 수 없는 것들입니다—대한 믿음을 고백하지 않으려는 사람들을 교회에서 배제시킴으로써 자신들과 그들을 분리하는 경우를 말합니다. 그런데 이 경우에는 이단을 만든 혐의가 분리되어나간 소수의 사람들도 아니고 통치자의 권위도 아닙니다. 실제상에서 볼 때 교회를 분열시킨 사람이, 차별된 이름과 표징을 도입한 사람이 그리고『성경』에 분명하게 기록되지 않은 자신들의 견해 때문에 스스로 분열을 조장하는 사람들만이 이단자라고 볼 수 있지 않을까요?

둘째로, 어떤 사람이 교회로부터 자기 자신을 분리하는 경우입니다. 그 이유는 그 교회가『성경』이 분명하게 가르치지 않는 어떤 견해를 공개적으로 고백하지 않기 때문입니다.

'이 둘 다 근본적인 것에 대한 신앙에서 잘못을 하고 있고 우리의 오성(悟性)으로 이해하는 지식에 어긋나는 오류를 범하기 때문'에 모두 이단입니다. 왜냐하면 그들은『성경』을 유일한 신앙의 기초로 결정했음에도 불구하고『성경』에 나와 있지 않은 어떤 명제들을 또 신앙의 기초로 규정했기 때문입니다. 다른 사람들은 그들의 이 추가적인 견해들을 인정하지 않을 것이기 때문에, 또한 다른 사람들은 이 추가적인 견해들을 필연적이고 근본적인 것으로 해서 신앙을 세우지 않을 것이기 때문에, 결국 그들은 다른 사람들로부터 자신들을 물러나게 함으로써 혹은 다른 사람들을 그들로부터 추방함으로써 교회에서 분열을 조장합니다. 그들이 내세우는 고백과 상징들은『성경』과 합치하는 것이고 신앙과 모순인 것이 없다고 주장해봐야 별 의미가 없습니다. 왜냐하면 만일 그들의 고백과 상징들이『성경』에 분명한 말로 담겨 있는 것이라면 그것들에 대해서 의심의 여지가 있을 수 없기 때문입니다. 즉,『성경』에 분명한 말로 나와 있는 것들은 모든 기독교인들에 의해서 신적 영감을 지닌 것으로 인정되고 있고 따라서 근본적인 것으로 인정받고 있기 때문입니다. 그런데 만일 그들이 고백되기를 요구하는 신앙 조항들이『성경』으로부터 추론된 결과라고 말하면서 자신들이 보기에 신앙의 규칙에 맞다고 생각하는 것들을 믿고 고백하는 것은 분명히 잘하는 일이라고 볼 수 있습니다. 그러나 그러한 것들을 다른 사람들에게 — 이 사람들은 그것들을『성경』의 의심할 여지없는 교리라고 보지 않기 때문에 — 억지로 강요하는 일은 매우 잘못된 것입니다. 그래서 이와 같이 신앙에 근본적이지도 않고 근본적인 것이 될 수도 없는 것을 가지고 분열을 조장한다면 그것은 곧 이단자가 되는 것입니다. 나는 『성경』에 대해서 자신이 내린 해석과 결론을 감히 신의 영감이라고 이야기하고 자신의 환상에 따라서 구성한 신앙 조항을 『성경』의 권위와 비교할 정도로 미친 사람은 없을 것이라고 생각합니다. 어떤 명제들은 아주 명백하게 『성경』과 일치한다는 것을 압니다. 그것들은 아주 명백해서 누구도 그것들이 『성경』으로부터 도출해내었다는 것을 부인할 수가 없습니다. 그러므로 이런 것들에 대해서는 의견의 차이가 있을 수 없습니다. 내가 분명히 말하고 싶은 것은 우리가 이런저런 교리가 분명히 『성경』으로부터 도출된 것이라는 생각이 들고, 우리가 믿기에 그것이 신앙의 규칙에 적합한 것이라고 해도 그것을 다른 사람들에게 필연적인 신앙 항목으로 강요해서는 안 된다는 것입니다. 우리도 다음과 같은 경우에는 불만족스럽게 생각하지 않습니까? 즉, 우리가 믿지 않는 다른 교리들이 같은 방식으로 우리에게 강요되는 것을 좋아하지 않습니다. 또한 서로 다르고 모순인 루터교도(Lutherans), 캘빈교도(Calvinists), 레몬스트란트파 교도(Remonstrants), 재침례파 교도(Anabaptists), 그리고 그 외의 다른 교파들의 견해들을 — 이 교파들의 상징물, 체계, 신앙 고백들을 고안해낸 사람들은 자신들의 추종자들에게 그 견해들이 『성경』에서 순수하게 추론한 필연적인 것이라고 말하는 데 익숙합니다 — 억지로 받아들여야 하고 고백해야 한다면 누가 좋아하겠습니까. 나는 구원에 필요한 것을 설명하는 데 자신들이 저 영원하고 무한한 하나님의 지혜인 성령님보다도 더 분명하게 설명할 수 있다고 생각하는 사람들의 터무니없는 오만에 놀라지 않을 수 없습니다.

이단에 — 이 말은 여태까지 살펴보았듯이 보통 사용할 때 종교의 교리와 상관해서만 적용됩니다 — 대해서는 이만 이야기하고, 이제 종파나 교파 분리에 — 이것도 이단과 유사한 범죄에 해당합니다 — 대해서 생각해봅시다. 내가 보기에는 이 두 단어(이단과 교파 분리)에 담긴 의미는 '교회에서 필연적인 것이 아닌 것들 때문에 생긴 근거가 빈약한 분열'이라고 생각합니다. 그러나 이 말들의 일반적인 사용법에 의하면 이단은 신앙에서의 오류와 관련이 있고 교파 분리는 예배나 계율에서의 잘못과 관련되어 있기 때문에 우리는 이러한 구별에 따라 종파 분리에 대해서 잠간 생각해보겠습니다.

종파나 교파 분리란 이미 진술한 것과 같은 이유로 신에게 드리는 예배나 교회의 계율에서 전혀 필연적인 부분에 속하지 않는 것으로 말미암아 교회의 친교에서 생기는 분립 외에 아무것도 아닙니다. 예배나 계율 가운데에서 우리의 입법자인 그리스도가 명령했거나 성령의 감화에 의해서 사도들이 명백한 말로 명령한 것 외에는 어느 것도 기독교인의 친교에 필수적인 것이 될 수가 없습니다.

한마디로 말해서 『성경』이 명백한 말로 가르친 것을 어느 것도 부정하지 않는 사람, 또한 『성경』에 명백하게 포함되지 않은 것에 대한 견해가 다르다고 해서 교회로부터 분리하지 않는 사람, 이런 사람에게 어떤 분파의 기독교인이 어떤 별명을 붙인다 해도 그리고 어떤 분파의 기독교인들 중 일부가 혹은 전부가 그를 진정한 기독교인으로서는 아주 부족하다고 말할지라도 그의 행동에서 그리고 진리의 측면에서 볼 때 이 사람은 이단자도 아니고 종파 분리론자도 아닙니다.

여태까지 설명한 것들은 더욱 광범위하게 그리고 더 잘 설명될 수 있었을지도 모르겠습니다. 그러나 그것들에 대해서 당신에게 이와 같이 간략하게 암시를 한 것만도 충분하다고 생각합니다.

제3장
존 로크 관용론의 이론적 기초와 원리*

1. 자연법과 자연권

　자연법에 대한 존 로크의 사고는 그의 정치철학적 원리와 체계의 논리적, 사상적 토대라는 점에서도, 따라서 당연히 관용의 문제 또한 이에 직간접으로 근거를 두고 있다는 점에서도 그의 관용론을 올바로 이해하기 위한 열쇠라 해도 과언이

---

* 본 논문에서 인용된 로크의 주요 저서에 대한 약어는 다음과 같다. 인용은 약어 다음에 해당 쪽수(로크의 관용에 관한 4 편지와 프로스트의 3 편지 등, 예 : L2, 1 ; P3, 1) 혹은 약어와 구절 번호(교육론과 기독교 교리의 합리성, 예 : ST, 1 ; RC, 1) 혹은 약어 다음에 권, 장, 구절 순(인간오성론, 예 : Essay 1/1/1) 그리고 약어 앞의 숫자와 구절 번호(정부론, 예 : 2T, 1)로 표기하는 방식을 따랐다.

아니다. 특히 로크의 관용에 대한 해석과 평가는 그가 관용을 자연권이라는 측면에서 어떻게 규정하고 논의하고 있는가에 따라 달라질 여지가 있기 때문에 자연법과 자연권이 차지하는 비중은 자못 크다.

그러나 불행하게도 로크는 자연법이나 자연권 같은 그의 정치철학의 제일원리의 근거와 정당성에 대해서는 명료하게 해명하고 있지 않다. 지금까지의 연구들이 그의 관용론을 이러한 자연법적 기초 위에서 좀더 체계적이고 일관되게 연역해낼 수 없었고, 그리하여 종종 오해도 불러일으킬 수밖에 없었던 점도 이 같은 한계에서 기인한 바가 적지 않다. 로크는 정당한 근거와 해명 없이 자연법을 이성이 교시하는 개인에 내재한 고유한 원리로 이해한다. 다시 말해 자연법을 인간의 권리와 의무

L1, 2, 3, 4 :『로크 전집(*The Works of John Locke*)』중 제6권, London : Thomas Tegg et al, 1823 ; repr., Germany : Scientia Verlag Aalan, 1963.

1T 혹은 2T : Two Treatises of Government, ed. Peter Laslet, Cambridge : Cambridge Uni. Press, 1988.

Essay : An Essay Concerning Human Understanding, ed. Peter H. Nidditch, Oxford : Clarendon Press, 1988.

ST : Some Thoughts Concerning Education, ed. John W. and Jean S. Yolton, Oxford : Clarendon Press, 1989.

RC : The Reasonableness of Christianity As Delivered in the Scriptures, 『로크 전집(*The Works of John Locke*)』중 제7권, London : Thomas Tegg et al, 1823 ; repr., Germany : Scientia Verlag Aalan, 1963.

Tracts : Two Tracts on Government, ed. Philip Abrams, Cambridge : Cambridge Uni. Press, 1967.

P1, 2, 3 : Proast, Jonas, Letters Concerning Toleration, ed. Peter A. Schouls, New York : Garland Publishing. 1984.

를 위한 잣대요 근거로 상정하고 있다. 그런 점에서 로크에게 자연법과 자연권은 모두 데카르트의 본유 관념과 같은 성격을 갖고 있으며, 따라서 추후에 로크 자신을 포함해서 본유 관념에 가해진 일반적인 비판에서 자유로울 수가 없었다. 이는 곧 그의 인식론과 정부론의 기본 입장과 전제가 상호 모순이라는 것을 의미한다. 그럼에도 불구하고 로크가 이러한 사상을 결코 포기하지 않고 견지했던 것은 당시의 정치적 상황과 그에 따른 절실한 현실적 문제에 대한 그의 관심사가 크게 작용했지만, 무엇보다도 그리스도의 복음과 자연법 그리고 인간 이성이 그 정신과 원리적인 측면에서 완전히 일치한다는 확고한 믿음의 결과라 할 수 있다.

이처럼 논리적인 명료성을 결하고 있는 로크의 자연법과 자연권론은 그럼에도 불구하고 실천적으로는 중요한 의미를 갖는다. 그것은 곧 그의 관용론의 전반적인 기조가 이를 바탕으로 하고 있기 때문이다. 그뿐 아니라 로크는 그의 관용론을 통해 정부론과 인식론의 상호 불일치하는 점들을 상당 부분 해소할 수 있었고 이를 통해 우리는 자연법과 자연권론에 대한 로크 자신의 생각을 더욱 분명하게 읽어낼 수 있다.

주지하다시피 로크에게 자연 상태는 자연법이 정한 자연권을 보존하기 위해서 요구되는 시민 정부의 기원과 목적을 제시하는 것이다. 로크의 자연 상태에 대한 성숙한 사상을 우리는 그의 『관용의 편지들』과 『제2정부론(the Second Treatise)』에서 살펴볼 수 있다. 우리는 이 둘 사이에서 외관상 유사성을 볼 수 있지만 동시에 몇 가지 중요한 차이점을 발견할 수 있다. 이 두 군데에서의 자연 상태에 대한 설명은 합법적 정부의 한계에 대한 정의에서는 서로 비슷하다. 로크는 『제2정부론』에서 공화국이란 사람들이 "그들의 생명과 자유 그리고 재산, 한마디로 소유권의 보존을 위해서"[1] 모인 사회라고 규정하고 있다. 그러므로 로크는 "공화국의 가장 크고 주요한 목적은 그들의 소유권의 보존이다"[2]라고 이야기한다. 마찬가지로 『제1편지』에서도,

> 공화국이란 사람들 자신의 시민적 이익들을 확보하고 보존하고 그리고 향상시키려는 목적만을 위해서 구성된 사회로 볼 수 있다. 여기서 시민적 이익이란 생명, 자유, 건강 그리고 육체의 편안함을 말하며 또한 돈, 토지, 가옥, 가구 등과 같은 외적인 것들의 소유를 말하는 것이다.[3]

문제는 어떻게 로크가 2T와 L1에서 똑같이 '정부의 목적은 소유권의 보존 외에는 달리 생각해볼 수 없다'는 결론에 이르렀느냐는 것이다. '왜 정부는 영혼을 돌보는 문제에는 관련을 가질 수 없는가?' 하는 문제다.

『제2정부론』과 『제1편지』 둘 다 정부의 한계에 대해서는 동의하고 있지만 서로의 유사점은 여기서 끝난다. 왜냐하면 로크

---

1) 2T, 123.
2) 2T. 124.
3) L1, 9-10쪽.

는 두 개의 아주 다른 방식으로 이러한 결론을 정당화시킨다
고 볼 수 있기 때문이다.『제2정부론』은 공화국의 권력의 한계
를 "모든 사람들에게 자연적으로 주어진 상태(What state all
men are naturally in)"[4]를 숙고한 데서 도출해낸 것이다. 이러
한 자연적인 상태, 즉 자연 상태는 다음의 세 가지 주요한 특징
으로 규정지을 수가 있다. 즉, 천부적 자유(natural freedom),
천부적 평등(natural equality) 그리고 각자의 소유권을 보호하
는 자연법을 집행하는 권리다.[5]『제2정부론』에 관한 한 모든
사람이 평등하게 창조되었다는 것은 자명한 진리다.[6] 그것의
자명성은 모든 사람이 같은 종(species)의 구성원이라는 사실
에 기인한다. 예를 들면 로크는 다음과 같이 주장한다 :

> 똑같은 자연의 혜택을 누리고 똑같은 기능을 사용토록 서로 간
> 에 차별이 없이, 같은 종(species)으로 태어난 피조물들은, 만일 그
> 들 모두를 지배하는 주인이 (조물주를 칭함) 명백한 자신의 의지
> 의 선언을 통해서 어떤 사람을 다른 사람보다 우위에 두지 않았다
> 면, 그리고 그 사람에게 명백하고도 분명한 약속을 통해서 의심할
> 여지없는 지배와 통치의 권리를 주지 않은 이상, 서로 간에 복종
> 이나 종속됨이 없이 평등하다는 것은 그 무엇보다도 명백한 사실
> 이다.[7]

---

4) 2T, 4.
5) 2T, 4-7참조.
6) 2T, 4. 그리고 2T, 5참조.
7) 2T. 4.

그리고 그는 또한 이와 비슷한 취지로 다음과 같이 이야기
한다 :

인간들에게는 모두 같은 기능이 구비되어 있고 하나의 자연 공
동체에서 모든 것을 공유하기 때문에 우리보다 열등한 피조물들
이 우리를 위해서 존재하듯이 우리들이 서로를 이용하도록 만들
어진 것처럼 서로를 파괴할 권리가 우리에게 주어지는 그런 종속
관계란 상상할 수도 없는 것이다.[8]

간단히 말해서 모든 인간들은 똑같이 인간이라는 종에 속한
다는 사실에 의하여 다른 피조물들과 구별되기 때문에 모두가
다 평등하다는 것이다.
로크는 『제2정부론』에서 바로 이러한 근본적인 전제로부터
정부의 한계를 곧장 도출해내고 있다. 사람들이 공화국을 수립
하기 위해서 자연 상태를 벗어날 때 그들은,

자연 상태에서 그들이 소유했던 평등, 자유 그리고 자연법의 집
행권을 사회의 손에다 양도하는 것이다. … 하지만 그것은 모든
사람들이 자신의 자유와 소유권을 그만큼 더 잘 보존할 의도로 된
일이기 때문에 ; (왜냐하면 이성적 존재가 현재보다 더 악화될 의
도를 가지고 자신의 조건을 변화시킨다는 것은 상상할 수 없기 때
문이다) 그들에 의하여 구성된 사회 혹은 입법부의 권력이 공동의
선(common good)보다 더 멀리 확장된다는 것은 결코 상상도 할

---

8) 2T, 6.

수 없는 일이다.9)

그러므로 『제2정부론』에서의 로크의 논거의 체계는 다음과
같이 요약될 수 있다. 즉, 필머(Filmer)가 정치를 『성경』에 기
초해서 이해한 것을 거부하고 그것의 대안으로서 자연으로부
터 주어진 인간의 자명한 자유, 평등 그리고 보존권을 명령하
는 자연법의 집행권을 출발점으로 해서 정치적 권력의 목적이
란 "이러한 것을 보존하는 목적 외에 그 아무것도 아니다."10)
달리 말해서 『성경』을 논박함으로써 로크는 자명한 전제를 얻
을 여지가 생겼고 이것이 이번에는 정치 권력의 적절한 한계
를 자연권의 보존의 제한으로 이해하게끔 하는 기초를 놓게
되었다.

그러나 『제2정부론』과는 대조적으로 『제1편지』에서는 정치
권력의 한계를 이러한 자명한 전제로부터 도출해내지 않는다
고 볼 수 있다. 그는 『제1편지』에서 "통치자의 관할권은 단지
시민적 이해 관계에만 있다 ; 그리고 모든 시민의 권력과 권리
그리고 지배는 단지 이러한 것만을 향상시키는 데에만 제한되
고 국한되어 있다. 그래서 그것은 어떤 식으로든지 영혼의 구
원으로까지 확장될 수도 없고 되어서도 안 된다"라는 명제를
세 개의 이유(three considerations)에 근거하고 있다.11) 즉, 첫

---

9) 2T, 131.
10) 2T, 135.
11) L1, 10쪽. 로크는 이 같은 방식으로 제2편지에서도 시민사회의 목적을 소유
권의 보존으로 제한한다는 결론에 어떻게 이르는가를 설명하고 있다 : "그러므

번째 것은 신학적 이유로서 하나님은 단지 신실한 믿음만을 받아들이고 관용이 참된 종교의 징표라는 것이다. 두 번째 것은 강제력은 믿음을 강요할 수 없다는 심리학적 이유이고, 세 번째는 인간은 참된 종교에 대한 지식을 소유할 수 없다는 인식론적 이유다.12) 로크는 다음과 같이 이야기한다 :

　　다른 이유들도 제시될 수 있겠지만 이러한 이유만으로도 모든 시민 정부의 권력이란 단지 사람들의 시민적 이익에만 관련되어 있으며 이 세상의 문제를 돌보는 것에 국한되어 있으며 저승의 문제와는 아무런 관련도 없는 것이라는 결론을 내리기에 충분하다고 생각한다.13)

　　이와 같이 로크는 정부의 한계를 자연권의 보존으로 국한하는 것을 두 가지 다른 방식으로 정당화하고 있다. 한편으로는 『제2정부론』에서 정부의 한계를 자연적 자유, 평등 그리고 보존권이라는 자명한 전제로부터 도출해내고 있으며 또 다른 한편으로는 『제1편지』에서 신학적 인간적 심리학 그리고 인식론의 영역에 근거한 이유들로부터 정부의 한계를 도출해내는 것

로 그(제1편지의 저자)는 논점을 회피하는 것이 아니다. 왜냐하면 질문이 '시민적 이익이 단지 시민사회의 유일한 목적인가?'이기 때문에 그는 부정적 어법으로 대답한 것이다. 즉, '시민 권력은 영혼의 구원과는 아무 상관이 없다'라고 대답한 것이고, 이어서 그는 그것에 대한 증명으로 세 가지 이유(considerations)를 제시하고 있기 때문이다"(L2, 117쪽).

12) L1, 10-12쪽 참조.
13) L1, 12-13쪽.

이다. 정부의 한계는 『제2정부론』의 자명한 전제들에 이미 함축되어 있는 것처럼 보이는데 왜 구태여 로크는 『관용의 편지들』가운데서 나타나는 '세 가지 이유들'을 제시하는가? 결론부터 얘기하자면 그것들 없이는 정부의 한계를 소유권의 보존으로 국한하는 입론이 유지될 수 없었기 때문이다. 자연적 자유와 평등 그리고 소유의 보존권이라는 전제들이 결코 자명한 것이 아니었기 때문에 이것을 다시 정교히 다듬고 정당화할 필요가 생겼기 때문이다. 그래서 로크는 이러한 목적을 위해서 자명한 전제 대신에 '세 가지 이유'를 제시한 것이다.

로크의 편지들에 대한 프로스트의 비판에 로크가 다시 응답하는 가운데, 『제2정부론』의 분석의 결점이 분명해진 것이다. 프로스트의 비판은 통치자는 하나님으로부터 종교 문제에 대해서 강제력을 사용할 권위를 부여받았다는 주장에서 끝나는 것이 아니었다. 프로스트는 전통적인 권위를 가진 『성경』을 근거 제시의 자료로 삼지 않고서도 통치자는 종교 문제에 대해서 강제력을 사용할 자격이 있다는 자신의 주장을 자신 있게 수립할 수 있는 것처럼 보였다. 통치자가 자신의 신하들의 영혼을 돌볼 권리가 있다는 그의 주장은 『성경』에 의존치 않고서도 "공화국이란 정치적 정부가 얻을 수 있는 모든 이익을 획득하도록 구성되었다"[14]라는 그 자신의 원리(maxim)에 근거하고 있기 때문이었다. 또한 그는 나중에 다음과 같이 얘기하고 있다 : "왜냐하면 만일 지금까지 보편적으로 인정되어온 사

---

14) P1, 18쪽.

실, 즉 '어떠한 권력도 헛되이 주어진 것은 없다(no Power is given in vain)'는 것이 사실이라면 자동적으로 다음과 같은 말을 할 수 있다. 즉, 모든 사회는 자신들이 획득할 수 있도록 주어진 모든 선, 즉 모든 이익을 획득하도록 구성된 것이다."[15] 프로스트는 강제력은 영혼의 구원을 성취하기 위하여 유용하고 필요하며[16] 또한 참된 종교를 장려하는 것은 공화국에 이익이 된다[17]고 주장하기 때문에 이것은 필연적으로 정부를 구성해서 얻고자 하는 이익 가운데 하나여야만 한다는 것이다.

프로스트의 이 같은 논박에 로크는 자명한 증거에다가 호소하는 것만으로는 충분치 못하다고 느꼈다고 볼 수 있다. 그러므로 로크는 정부의 한계가 재산의 보존 이상을 넘어설 수 없다는 자신의 주장을 확고하게 하기 위해서는 단순히 "사람들은 다른 피조물과 분리되어서 하나의 자연 공동체 속에서 모든 것을 공유한다"[18]는 명제에 근거해서 모든 사람들이 평등하다는 『제2정부론』의 주장을 넘어서서 그 이상의 것을 제시하지 않을 수 없게 되었다. 결국 정부가 재산권 보존 외에 다른 목적을 생각할 수 없다는 주장이 입증되기 위해서는 자연적 평등이라는 단순한 사실 이상의 그 무엇이 필요하게 되었다.

자연적 평등과 자유의 자명한 진리를 유효하게 하는 로크의

---

15) P2, 58쪽.
16) P1, 15-16 참조.
17) P2, 59쪽 참조.
18) 2T, 6.

세 가지 이유(three considerations)들의 결정적인 역할은 『관용의 편지들』에서 자연 상태를 이야기하는 문맥 가운데, 관용의 문제를 다루는 구절들에서 설명되고 있다. 로크는 『제1편지』에서 사람들이 사회를 형성키 위해서 자연 상태를 떠나는 이유에 대해서 논의한다.[19] 여기에서 로크는 『제2정부론』과는 대조적으로 합법적 권력의 한계를 정당화하기 위해서 단순히 자연적 평등의 전제나 자연 상태의 결점을 언급하는 것 외에 다음과 같은 말을 덧붙이고 있다 :

　영혼 구원의 성취는 다른 사람의 근면에 의해서 용이하게 되는 것도 아니고, 또한 어떤 사람의 영혼 구원의 성취가 이루어지지 않았다 해서 그것이 다른 사람에게 해를 끼치지도 않을 것이며, 어떤 외적인 폭력에 의해서 사람들로부터 구원 성취에 대한 희망을 억지로 짜낼 수도 없기 때문에, 모든 사람의 영혼은 각자 자신이 돌보도록 해야 한다.[20]

로크는 그의 후속 편지들에 나오는 다른 구절 속에서도 이와 같은 절차를 반복하고 있다. 그는 『제2편지』에서 다음과 같이 언급하고 있다 :

　그리고 인간에 의하여 구성된 모든 사회에서는 그것의 목적이 구성원들이 지정한 것 외에 어떤 다른 것도 될 수가 없다. 그러므

---

19) L1, 42쪽 참조.
20) L1, 42쪽. 2T, 124-126, 131과 대조적임.

로 확신하건대 사회의 구성 목적이 그들의 영적이고 영원한 이익에 관한 것이 될 수는 없는 것이다. 왜냐하면 사회를 구성한 사람들은 이러한 것에 대해서 규정할 수가 없기 때문이다. 또한 이러한 이익을 사회의 권력에다 종속시킬 수도 없으며, 한 통치권자의 손에다 양도할 수도 없기 때문이다.[21]

마찬가지로 로크는 그의 『세 번째 편지』에서 프로스트에게 다음과 같이 묻는다 :

그들이 (시민사회의 제정자들) 어떤 사람에 의해서도 재판에 회부될 수 없도록 제정된 것(영혼에 관련된 문제) 때문에 어떤 사람에 의해서든, 자신들의 세속적 이익에 형벌을 받는 것이 어떻게 가능할 수 있는 일인가를 내게 설명해 준다면 나는 당신의 정책에 찬성할 것이다.[22]

위의 세 가지 예에서 로크는 정부의 한계는 소유권의 보존에만 국한한다는 그의 주장을 자명한 전제나 자연 상태의 결점에 의존하는 것 이상의 것을 통해서 정당화하고 있다. 이 각각의 경우에 그는 자신의 심리적이고 인식론적인 그리고 신학적인 이유들을 암시하고 있다.[23] 이러한 이유들은 인간의 평

---

21) L2, 121쪽.
22) L3, 225쪽.
23) 그러나 로크가 『제2정부론』의 접근 방식을 완전히 포기한 것은 아니다. 예를 들면 로크는 L3에서 "이것(다른 사람들의 가해로부터 보호받는 것)을 제외한 모든 것은 공화국의 경계 밖에 있는 이웃에 살고 있는 사람들로부터(즉, 자

등권이란 단순히 인간이라는 같은 종에 공통적으로 속해 있다는 사실을 넘어서서 설명될 수 있음을 보여주고 있다. 인간의 평등에 대한 그와 같은 정의가 자명한 것일지라도 그것은 왜 어떤 사람들이 다른 형제자매의 영혼에 대해서 힘을 행사하는 것이 정당한 일이 되지 못한다는 데에 대한 이유를 거의 설명할 수가 없다. 이와는 대조적으로 로크의 '세 가지 이유'에 의하면 인간이란 강요에 대한 오성의 수용불가능성(insusceptibility)과 인식 능력의 한계라는 특징을 지닌 존재로 파악한다. 인식 능력의 한계란 한편으로는 인간의 인식이란 참된 종교에 대한 순수한 지식까지는 미칠 수 없다는 것과 또 다른 한편으로는 참된 종교는 관용을 가르친다는 정도까지는 알 수 있다는 것을 말한다. 달리 말해서 인간들 사이에 존재하는 육체적 차이에도 불구하고 그들의 오성은 강요에는 반응하지 않는다는 점

연 상태에 살고 있는 사람들로부터) 얻을 수 있기 때문에 그들은 이것을 제외하고는 어떤 것에서도 자신의 자연의 자유를 포기하거나 시민 통치자의 심판 아래 자신을 내어놓지 않는다"(L3, 212쪽). 더욱이 자연 상태에서 사람들 각자에게는 자신의 보존을 확보할 자연적 강제력이 구비되어 있기 때문에 종교 문제에 대한 박해는 쉽게 피할 수 있거나 다시 정정될 수 있는 문제다(L3, 212쪽 참조). 그러므로 자연 상태에 있다고 여겨지는 사람들 사이에는 사실상의 관용이 널리 퍼져 있는 것이다. 그러나 일단 사람들이 시민사회의 이익을 대가로 자신들의 자연적 자유, 평등, 집행권을 양도하게 되면(2T, 131 참조) 이것은 더 이상 사실이 아니게 된다. 종교 문제에서 강력한 힘을 가진 자로부터의 폭력이 자연 상태에서의 모든 사람이 피하고 싶은 해(injury)였는데 이제 시민사회의 사람들은 통치자의 월등한 권력의 지배를 받게 되었다. 그러므로 우리는 사람들이 그와 같은 해로부터의 보호를 공화국의 목적 중의 하나로 하는 조건으로 시민사회에 들어왔다고 생각할 수 있다. 그래서 모든 사람들은 관용에 대한 권리가 있다고 로크는 결론을 내린다.

에서 사람들은 모두 같다는 것이다. 그리고 사람들 사이에 존재하는 정신적 차이에도 불구하고 그들의 오성은 어떠한 지식도 다 이해할 수 있는 것은 아니며 그들의 오성은 다만 그들의 관심사, 즉 그들의 보존에 영향을 주는 지식은 얻을 수 있다는 점에서는 모두 같다는 것이다. 이와 같이 로크는 모든 인간은 인간이기 때문에 평등하다는 『제2정부론』에서의 주장을 넘어서서 『관용에 관한 편지들』에서 인간의 평등성에 관한 '세 가지 이유'에 대한 설명을 함으로써 소유권의 보존이 사람들이 사회로 진입하는 유일한 이유며 그것만이 그들이 그 사회 안에서 추구하고 목표하는 유일한 것이라는 그의 결론을 정당화할 수 있었던 것이다.24)

결론적으로 말해서 홉스의 자연 상태에 대한 사상이 "인간의 격정으로부터 이루어진 추론(Inference, made from the Passions)"25)이듯이 로크의 자연 상태는 그의 『인간오성론』의 심리적 그리고 인식론적인 탐구로부터 도출된 것이다. 자연으로부터 얻어진 자유와 평등 그리고 이것들을 보존할 권리라는 『제2정부론』의 전제들에 대한 근거를 우리는 로크의 『관용에 관한 편지』에 암시된 '세 가지 이유들'에서 찾아볼 수 있으며 그것이 『인간오성론』에서는 더 완전하게 묘사되어 있다. 『제2정부론』의 전제들과 『관용의 편지들』의 세 가지 이유 사이의 관

---

24) L1, 43쪽.
25) Hobbes, *Leviathan*, edited by C. B. MacPherson (Middlesex : Penguin Books, 1968), Part I , Chap. 13.

계는 종종 오해받고 있는 『제2정부론』과 『인간오성론』 사이의
관계, 즉 로크의 인식론과 그의 정치학 사이의 관계26)를 이해
할 수 있는 단서를 제공한다고 볼 수 있다. 로크의 세 가지 이
유가 『인간오성론』에 뿌리를 박고 있는 한 『제2정부론』의 전
제들도 또한 그렇다고 볼 수 있다. 『관용의 편지들』과 『제2정
부론』에 나타난 자유주의적 정치학은 『인간오성론』의 철학과
관계가 없기는커녕 오히려 그것으로부터 가장 큰 지지를 받고
있는 것이다.

그렇다면 로크가 주장하는 생명과 자유 그리고 재산이라는
세 가지 권리와 마찬가지로 관용 또한 이러한 지위를 갖는가.
또 그렇다면 관용을 거부하는 것이 피해 당사자에게 저항의
권리를 주는 것인가. 우선 첫 번째 문제를 살펴보기 위해 로크
가 종교 집회의 권리에 대해 논의하는 부분을 검토해보고자
한다. 로크는 종교 집회는 파벌을 만드는 온상이라는 비난에
반대함으로써 종교 집회를 옹호하면서 다음과 같이 결론을 내
린다.

　　만일 일단 관용의 법이 정착되면 모든 교회들은 관용을 그들 자
　　신의 자유의 기초로서 규정하지 않을 수 없게 되고 이 양심의 자
　　유는 자신들에게 뿐 아니라 자신들의 교회에 불찬성하는 사람들

---

26) 예를 들면 Laslett는 "만일 우리가 한 작품에서 다른 작품으로 건너서 연구
할 때 정치적 토론을 위해 오성론에서 제공된 정의를 사용하게 되면 그것들이
서로 잘 맞지 않는다는 것을 발견한다"고 이야기한다(Laslett, *Two Treatises*,
introduction, 85쪽) ; 81-87쪽 참조.

에게도 똑같이 주어진 <u>모든 사람의 자연권이라는 것을 가르치게</u> <u>되며</u>, 어느 누구도 종교 문제에 관해서 법이나 폭력으로 억지로 강요받아서는 안 된다는 것을 가르치게 된다. 이렇게 되면 이러한 비난은 곧 사라지게 될 것이다.[27]

고우어(Gough)가 로크의 『제1편지』를 번역하면서 정확히 지적했듯이 위에서 밑금 친 부분은 라틴어 판에서는 나오지 않는 구절이다. 이 부분은 포플(Popple)이 즉흥적으로 만들어 낸 것이다.[28] 그러나 로크는 단 한 번의 경우를 제외하고는 포플의 번역의 정확성을 결코 의심해본 적이 없다. 그리고 그 경우에서도 로크는 "만일 번역자(포플)가 영혼의 구원에 대한 열정이라는 핑계로 사람들의 생명을 앗아가려는 아주 터무니없는 행동들을 매우 생기 있는 말로 저자가 의도한 의미를 표현하려고 했다면 그는 비난받을 이유가 없다"[29]고 말하고 있다. 게다가 『제1편지』에 나오는 다른 구절들은 비록 양심의 자유가 자연권이라고 직접적으로 표현하지는 않지만 그것은 하나의 권리라고 언급하고 있으며,[30] 그리고 그것은 아마도 천부의 권리이기도 하다고 암시하고 있다.[31] 더욱이 로크는 그의

27) L1, 47-48쪽.

28) Raymond Klibansky, *John Locke : Epistola de Tolerantia*, ed. Klibanxky and English Trans. J. W. Gough (Oxford : Clarendon Press, 1968), 135쪽. 그리고 161쪽, note 58 참조.

29) L2, 72쪽.

30) L1, 51쪽.

31) L1, 53쪽.

『세 번째 편지』에서 자연 상태에서의 인간의 본래적 조건에 대해서 언급하면서 관용은 하나의 권리라고 확언한다.[32] 실로 로크의 신학적 그리고 인식론적 고려는 양심의 자유, 즉 관용은 하나의 천부의 권리라는 결론을 낳게 되어 있다.

　지금까지 살펴본 논의의 요지는 로크의 『제1편지』의 결론과 일치한다. 그곳에서(L1, 53-54쪽), 로크는 만약 관용에 대한 권리가 통치자에 의해서 침해를 당하면 그때는 시민들이 저항할 수도 있다고 예상해야 한다고 주장한다.[33] 저항권에 대한 문제가 처음으로 등장하는 것은 『제1편지』에서 의지와 행동 양식에 영향을 끼치는 실천적 신조의 영역에서 통치자의 관용의 의무를 다루는 부분이다. 공공의 평화의 수호자와 영혼의 감독자들 모두 실천적 신조들에 대해서 합법적으로 관련 있고 재판권이 있기 때문에 이 영역은 이 양자가 부딪혀서 싸울 가능성이 있는 영역이다.[34] 로크는 교회와 국가의 영역 분할이 제대로 지켜지는 한에서는 어떠한 분쟁도 일어나지 않을 것이라고 주장한다. 그럼에도 불구하고 통치자가 그의 합당한 영역을 넘어서서 종교 문제에 관여하려고 한다면 과연 정의의 통치는 어떤 모습을 지니게 되느냐 하는 문제를 로크는 고려하고 있

---

32) L3, 211-212쪽.
33) 로크의 제2정부론에서는 통치자가 국민으로부터 복종을 기대할 수 없는 시점은 사람들이 저항권을 얻는 시점이라는 것을 분명히 하고 있다. 이러한 문제에 대해서는 Tarcov, "Locke's Second Treatises and 'the Best Fence Against Rebellion'"(*Review of Politics* 43)을 참조할 것.
34) L1, 41쪽.

다.35) 그의 대답에 의하면, 그와 같은 경우가 발생할 경우 하나님 외에는 어떠한 재판관도 있을 수 없으며, 국민에 의한 폭력에의 호소가 합법적인 것이 된다고 주장한다.36) 통치자가 종교 때문에 국민의 생명과 자유, 재산을 침해하게 될 때는 로크는 다음과 같이 결론을 내린다 :

그들에게서 다음의 일 말고 무엇을 기대할 수 있겠는가? 그들은 그들이 겪는 불행과 고통에 싫증이 난 나머지 결국에 가서는 다음과 같은 생각을 가지게 되지 않겠는가. 즉, 그들은 폭력에는 폭력으로 대항하고 종교 때문에 박탈당할 수 없는 자연권을 그들이 할 수 있는 한의 무기를 가지고 지키는 것이 합법적이라고 생각하지 않겠냐는 것이다.37)

그러나 로크가 명백히 국민의 저항권을 옹호했다 할지라도, 통치자가 종교를 핑계 삼아 생명과 자유 그리고 재산에 대한 자연권을 침해했기 때문에 사람들이 저항할 것을 예상해야 하느냐 혹은 사람들에게 저항권을 부여하는 것은 바로 양심의 침해 그 자체에서 기인하느냐는 여전히 불분명하다. 이 문제는 우리로 하여금 관용은 자연권이냐 아니냐 하는 문제로 다시 되돌아가게 하는 문제다. 그러나 지금까지 논의된 내용과 『제2정부론』에 나오는 구절들을 볼 때 관용을 부인하는 것은 인간

---

35) L1, 44쪽.
36) L1, 44쪽.
37) L1, 53-54쪽.

의 자유를 침해할 경우와 마찬가지로 저항의 타당한 근거가 되는 것 같다. 로크에게 관용은 그 자체로서 점점 더 자연권이 되어가는 것 같다. 로크는 『제2정부론』에서 다음과 같이 설명하고 있다 :

> 만일 사람들이 그들의 법과 그것과 함께 그들의 재산, 자유 그리고 생명이 위험에 처해 있고 그리고 그들의 종교 또한 그렇다고 그들의 양심으로부터 확신한다면 그들이 자기들에게 불리하게 사용되는 불법적 폭력에 대해서 저항하는 것을 어떻게 막겠는가.[38]

2. 종교와 정치

로크 당시의 그칠 줄 모르는 종교 분쟁은 공공의 질서를 철저히 부숴놓게 되었다. 따라서 끊임없는 종교 분쟁을 종결시킬 수 있는 방법을 찾는 것이야말로 당시의 영국이 직면한 가장 중요한 정치적 문제였다. 그렇지만 이 문제를 해결하기 위해서는 필연적으로 이러한 종교적 분쟁의 원인을 진단하는 일이 선행되지 않으면 안 된다. 17세기의 영국만 하더라도 많은 사람들은 정치적 질서를 유지하기 위해서는 전 국민이 하나의 국가 교회를 믿어야 하는 것이 선결 조건이라고 생각했다. 특히 로크 당시의 토리(Tory)당은 교회와 국가란 하나로 신성하

---

38) 2T, 209쪽.

게 조직된 사회 안에서 서로 불가분의 관계를 가지고 있기 때문에 교회의 구성원은 본질적으로 국가의 구성원이라는 생각을 가지고 있었다.39) 만약 하나의 정치체 안에서 서로 경쟁하는 여러 교회와 교파가 있게 되면 필연적으로 시민 전쟁을 수반할 것이라고 생각했던 것이다. 그래서 영국의 교회 국가(ecclesiastical state) 지지자들은 반세기에 걸친 종교 분쟁의 원인이 종교다원주의에 있다고 생각했다. 즉, 영국의 시민 불화와 분쟁은 하나의 영국 기독교가 여러 개의 서로 경쟁하는 교회로 분열한 데 따른 필연적이고도 피할 수 없는 결과라고 생각했다.

그러나 이러한 견해와는 반대로, 로크는 종교 전쟁의 뿌리는 하나의 영국 정치체 안에 여러 개의 교회로 분열한 것에 있지 않고 오히려 정부의 종교적 불관용의 정책에 있다고 보았다. 로크에 의하면 종교 전쟁들의 근원은,

> 우리가 피할 수 없는 여러 가지 다양한 견해들에 있는 것이 아니라, 우리와 다른 견해를 가진 사람들에 대해서 우리가 허용했었을 수도 있었던 관용을 거절한 데 있는 것이고, 바로 그렇게 관용을 거부한 것이 종교라는 이름으로 기독교 세계 안에서 일어났던 모든 소동과 전쟁의 원인이 되었던 것이다.40)

---

39) J. W. Gough, 'The development of Locke's belief in toleration', in *Letter in focus*, 58쪽.
40) L1, 53쪽.

로크의 분석에 의하면, 종교가 다양하다고 해서 정치적으로 위험이 있게 되는 것은 아니다. 사람들이란 으레 다양한 이유로 단체를 조직하게 마련인 것이다. 어떤 이들은 장사와 이익 때문에, 다른 사람들은 클라레라는 적포도주를 마시는 것 때문에, 그리고 또 어떤 사람들은 종교 때문에 그들 나름의 단체를 조직하게 되어 있다. 그러므로 교회국가론자들이 주장하듯이 위험의 원인은 사람들이 여러 단체를 구성하는 데 있는 것이 아니라, 오히려 기성 교회와 의견을 달리하는 사람들을 박해하는 데 있는 것이다. 로크는 많은 소요가 종교라는 구실로 생기는 것을 잘 알고 있지만, 그러나 그 소요의 진정한 원인은 다른 데에 있는 것이 아니라 사람들이 자기가 믿는 종교 때문에 제대로 대우받지 못하고 비참하게 살아야 하는 데 있다고 로크는 지적하고 있다 :

만일 사람들이 선동적인 음모에 가담했을 경우 그 이유를 살펴보면, 그들이 믿는 종교가 그들을 그렇게 부추긴 것 때문이 아니고 사실은 그들이 믿는 종교 때문에 받게 되는 고통과 압제 때문인 것이다. … 억압은 소요를 일으키며, 사람들로 하여금 불편하고 전제적인 멍에를 벗기 위해 분투하게끔 한다. … 소요가 일어나는 것은 이 교회 혹은 저 교회 그리고 이 종교 저 종교가 독특하게 지닌 어떤 특별한 기질로 말미암은 것이 아니라 모든 인간이 지닌 공통적인 성향에 기인하는 것이다. 즉, 사람은 어떠한 무거운 짐 아래서 고통을 겪게 될 때는 누구든지 그들의 목의 피부를 쓸려 벗겨지게 하는 멍에를 벗어던지려고 애쓰는 것이 당연한 것이다. 종교 문제

말고 생김새가 다르다고 해서 사람과 사람들 사이에 차별 대우가 있다고 가정해보자. 예를 들면 검은 머리와 회색 눈을 가진 사람은 다른 시민들이 누리는 특권을 똑같이 누리지 못하는 경우, 물건을 사지도 팔지도 못하며 직업을 가질 수 없는 경우, 부모들이 자신들의 자식들을 교육시키지 못하는 경우, 법률의 혜택으로부터 제외되거나 편파적인 재판을 받아야만 하는 경우. 이러한 경우에 이 사람들은 박해라는 단 한 가지 공통된 이유 때문에 뭉칠 것이고, 이 사람들도 단지 종교 때문에 결집된 사람들만큼이나 통치자에게는 위험한 존재가 될 것은 의심할 수 없는 사실이 아닌가?[41]

로크의 주장에 의하면 "통치자는 자기 교회에 대해서는 친절하고 호의적이며, 다른 교회들에 대해서는 잔인하게 대하기 때문에, 후자에 대해서는 두려워하지만 전자에 대해서는 그렇지 않다. … 그는 비국교도들을 노예처럼 다루면서 계속해서 그들을 괴롭히고 억압하지만, 동시에 국교도들은 귀히 여기고 옹호한다."[42] 따라서 이러한 상황 아래에서는 정치적 불만족과 심지어는 노골적인 반란이 일어나는 것은 놀라운 일이 아니다. "사람들이 자신들의 재산을 빼앗기고 평등의 원리에 위배되는 대우를 받고, 인간적인 것이든 신적인 것이든 다른 사람들의 폭력과 강탈의 희생 제물로 바쳐질 경우에는 필요하다면 무장을 해서라도 자신들의 자연권을 옹호하리라는 것은 뻔히 예상되는 일이다."[43]

---

41) L1, 49-50쪽.
42) L1, 49쪽.

로크의 진단에 의하면 그의 일생에 걸쳐서 영국을 황폐화시켰던 시민적 혼란의 원인은 교회국가론자들이 주장했듯이 다양한 종교가 아니라 오히려 교회 국가가 종교적 반대자들에게 가한 억압이었다. 따라서 사람들이 그들이 믿는 종교 때문에 박해를 받는 한 끊임없는 시민적 분쟁이란 삶에서 피할 수 없는 사실이 되고 말 것이라고 로크는 주장한다. "종교적 불관용을 옹호하는 사람들은 전쟁과 불화의 씨가 얼마나 치명적인가, 그리고 그것들이 인류에게 가져다주는 끊임없는 증오와 약탈, 살인에 대한 도발의 힘이 얼마나 강력한가를 숙고해보아야 한다."[44] 실제에서 교회 국가란 다름 아닌 끊임없는 시민 전쟁의 원인이 되고 있다 :

> 지배력은 은총에 의거하고 종교란 무력으로 전파될 수 있다는 견해가 널리 받아들여지는 한, 사람들 사이에 어떠한 평화도 안전도 심지어 보통의 우정조차도 이루어질 수도 보전될 수도 없다.[45]

박해의 원리가 만연하는 한 어떠한 지속적인 평화도 가능하지 않기 때문에 관용의 원리의 수립이란 지속적인 평화를 위한 불가결한 조건이 되는 것이다. "만일 통치자가 종교적 반대자들에게 다른 사람들과 마찬가지로 더도 말고 똑같은 시민적

---

43) L1, 53-54쪽.
44) L1, 20쪽.
45) L1, 20쪽.

인 특권을 향유케 하면 그들은 정치적 안정에 더 이상 위험한 존재가 되지 않는다는 것을 통치자는 깨닫게 될 것이다."46) 로크는 다음과 같이 결론을 내리고 있다. "결국 우리가 지향해야 할 것은 모든 사람들이 다른 사람들에게 허용되는 것과 똑같은 권리를 향유하는 것이다."47)

이렇게 볼 때 관용의 원리의 수립이란 다급하고도 필연적인 문제였지만, 그러나 그것은 영국 정부의 광범위한 변화를 전제하는 것이었다. 구체적으로 얘기하자면 그것은 영국의 교회 국가를 해체할 것을 요구하는 것이었다. 그러나 그것은 결코 쉬운 일이 아니었다. 왜냐하면 교회 국가란 신학적 인식론적 그리고 정치적인 가정들의 복합체이기 때문이었다. 그러므로 교회 국가의 해체란 무엇보다도 교회국가론을 뒷받침하고 있는 가정들이 잘못되었다는 것을 밝히는 일을 의미하는 것이었다. 그 가정들이란 구체적으로 어떤 것인가. 첫째, 교회 국가의 정권은 기독교 신앙과 일치할 뿐 아니라 실제상 기독교 신앙의 위임을 받은 것이다. 둘째, 종교적 진리의 수호와 증진은 정치적 질서를 위한 정부의 합법적인 기능이 된다. 셋째, 교회 국가는 종교적 진리를 효과적으로 가르치기 위해서 필요하며, 혹은 교회 국가는 적어도 종교적 진리의 효과적인 가르침에 중요한 공헌을 할 수 있다. 넷째, 종교 문제에서 특정한 지식이 가능하다. 즉, 인간이 가져야 할 참된 종교가 무엇인지를 확실히 규명

---

46) L1, 49쪽.
47) L1, 51쪽.

할 수가 있다. 때문에 로크는 그의 관용론을 통해서 이러한 가정들이 그릇됨을 폭로하고 동시에 교회 국가에서와는 다른 새로운 공공의 질서를 위한 기초를 제공할 수 있는 새로운 전제들의 진리성을 입증하고 있는 것이다.

3. 관용과 기독교

교회 국가는 신적 계시의 인가를 받았다고 주장했다. 구체적으로 말해서 교회 국가의 영감은 '기독교 공화국'이란 관념에 기초하고 있는 것이다. 기독교인들은 기독교적 사회, 즉 모든 측면에서 기독교 계시의 진리들을 반영하는 사회를 만들 권리뿐 아니라 의무가 있다는 것이다. 그러한 사회에서는 기독교가 공동체의 공적 진리가 될 뿐 아니라, 신앙의 진작이 정부의 합법적 목표이기도 한 것이다. 실로 이 사회에서는 정치적 생활의 목표가 궁극에서는 종교적 색채를 띨 수밖에 없다.

그러나 로크는 '기독교 공화국'의 이상을 강력하게 거부한다. 그래서 그것의 존립을 성서의 재가에다 두는 것을 힘주어 부인하며 나아가 그것의 실천은 근본적으로 기독교의 가르침과 일치하지 않는다고 주장한다. 로크의 주장에 의하면, '기독교 공화국'에 대한 성서적 논거는 구약, 더 구체적으로 얘기하면 '유태인의 공화국' 그리고 '모세의 율법'에 있다고 한다. 그러나 이러한 선례는 현재의 상황에 적용하기는 부적절하다고 로크는 주장한다. 유태인의 공화국은 절대 신정 정치였다. 따라서 그곳에서는 공화국과 교회의 구별이 전혀 없었으며, 직접 하나님이 특별한 방식으로 유태인의 왕이었기 때문에 교회법은 불가피하게 시민 사회의 한 부분이 되었던 것이다. 따라서 "그곳에서 수립된 보이지 않는 신에 대한 예배에 관한 법률은 곧 그 국민들의 시민법이고 하나님 자신이 입법자가 되는 정치적 정부의 한 부분이 되는 것이다"[48]

그러나 기독교에서는 경우가 다르다. "어떠한 실정법도 그것이 주어진 사람들에게 말고는 전혀 강요될 수 없기 때문에 모세의 법은 우리 기독교인들에게는 지켜야 될 사항이 아니다."[49] 기독교는 절대 신정 정치도 다른 어떠한 정부의 형태도 전혀 통치 위임하지 않았다 :

　복음 아래서는 기독교 공화국 같은 것이 절대적으로 있을 수 없다. 실로 그리스도의 신앙을 받아들인 도시와 왕국들이 많이 있다. 그러나 그들은 그들이 가졌던 옛 정부 형태를 그대로 유지하고 있으며 그리스도의 법은 전혀 그것을 간섭하지 않았다. 그리스도는 사람들에게 신앙과 선행을 통해서 영생을 얻을 수 있는 방법을 가르쳤다. 그렇지만 그는 공화국을 건립하지는 않았다. 그는 그의 제자들에게 어떠한 새로운 특이한 형태의 정부를 지시하지도 않았다.[50]

---

48) L1, 37-38쪽.
49) L1, 37쪽.
50) L1, 38쪽.

『성경』은 교회와 국가의 융합에 대해서 그리고 절대적 신정
정치에 대한 어떤 보장도 하고 있지 않을 뿐 아니라 종교 문제
에 대해서 무력을 사용할 수 있는 권한을 위임하는 내용을 그
어느 곳에서도 결코 담고 있지 않다. 로크는 다음과 같이 주장
하고 있다 :

　복음은 종종 "그리스도의 진정한 사도들은 고난을 받아야만 한
다"고 선언하고 있다. 그러나 나는 신약성경 어디에서도 그리스도
의 교회가 자기의 믿음과 교리를 다른 사람들이 받아들이도록 하
기 위하여 그들을 핍박하고 불과 칼로써 강요해야 한다는 구절을
찾아볼 수 없다.51)

　그리스도가 세상을 정복하기 위해서 그의 군대를 내보낼 때 그
는 칼이나 다른 폭력의 도구로 그들을 무장시키지 않고, 평화의
복음과 본이 될 만한 거룩한 대화로 무장시켜서 내보냈다. 이것이
바로 그의 방법이었다. 만일 불신자들이 폭력으로 개심될 수 있었
고 무지하고 완고한 자들이 무장 군인에 의해서 그들의 오류로부
터 벗어나오게 할 수 있었더라면, 교회의 아들들이 세상에서 가장
강력한 용기병을 데리고 그 일을 하는 것보다는 그리스도가 직접
하늘의 군대를 데리고 하는 것이 훨씬 더 쉬웠으리라는 것은 분명
한 사실이 아니었겠는가.52)

---

51) L1, 15쪽.
52) L1, 8-9쪽.

그는 계속해서 다음과 같이 이야기하고 있다. "만약 우리가 복음과 사도들을 믿고 따른다면 자비심 없는 크리스천이란 생각할 수도 없고, 폭력이 아니라 사랑으로 일하는 신앙만이 진정한 크리스천이 된다는 것은 자명한 일이다."[53] 그러므로 누구든지 자기와 다른 종교를 가진 사람을 포함해서 모든 인류에게 공통적으로 자비, 온유함, 선의로 대하지 않는 사람은 진정한 크리스천이 될 수 없다. 어떤 사람들은 전통적인 교회의 지위와 그 이름을 혹은 외적 예배의 화려함을 자랑할 수도 있고 또 다른 이들은 자기 교회의 계율의 개혁을 자랑하고 또한 누구나 한결같이 자기들의 신앙이 정통적인 것이라고 자랑할 수도 있다. 그러나 로크는 "이러한 자랑거리들 그리고 이런 성격을 지닌 모든 것들은 그리스도의 교회의 표징(mark)이 아니라 이것들은 단지 사람들이 서로에게 힘과 절대 권력을 행사하려는 욕망을 드러내는 표시일 뿐이다"라고 말하면서 "진정한 교회의 특징적인 모습은 관용에 있다"라고 결론을 내린다.[54] 기독교의 자비는 교회 국가가 비국교도를 박해하는 것을 인정하기는커녕, 그 자비는 다른 종교를 믿는 사람들에게까지도 관용의 정책을 펼칠 것을 요구하고 있다.

따라서 우리는 종교적 박해자들에 의해 야기되는 잔인한 행위들을 보고서 그들이 그리스도의 사도라고 주장하는 것이 거짓임을 확연히 알 수 있다. 교회 국가의 지도자들이 종교적 반

---

53) L1, 6쪽.
54) L1, 5쪽.

대자들에게서 재산을 빼앗고, 체벌을 가함으로 그들을 불구로 만들고, 구역질나는 감옥에 가두어 굶기며 고문하는 일은 기독교의 자비 정신에서 나오는 것이 아니라 오히려 세속적 권력과 이익에 대한 욕심에서 나오는 것이라고 로크는 비판한다 :

진실로 구원받기를 원하는 사람을 고문함으로써 그것도 아직 개종하지 않은 상태에서 죽게 하는 것이 잘못이 아니라고 생각하는 것은 나로서는 도저히 이해할 수 없는 일이다. 그리고 어떤 다른 사람도 그것을 정상적인 행동이라 생각하지 않을 것이다. 틀림없이 어느 누구도 그러한 행동이 자비와 사랑과 선의에서 비롯되었다고 믿지 않을 것이다. 만일 사람들을 불과 칼로 강요해서 어떤 특정한 교리를 고백토록, 그리고 이런저런 외적 예배(exterior worship)에 순응토록 해야만 한다고 주장하는 사람이 있다면 … 그런 사람은 수많은 사람들을 자기와 같은 신앙 고백을 하게끔 원하는 것이 틀림없으며, 결국 그가 그러한 수단을 통하여 진정한 그리스도의 교회를 세우겠다는 의도는 전혀 믿을 바가 못 된다.55)

우리는 로크가 『관용에 관한 편지』에서 본격적으로 관용의 이론을 전개하기에 앞서서 그리고 관용론의 이론을 전개해나가는 도중 곳곳에서 이와 같이 아니 이것보다 훨씬 더 노골적으로 성직자와 교회의 숨은 세속적 욕망을 폭로하는 것을 보게 된다. 로크가 이와 같이 성직자의 세속적 야망에 대해서 공격적인 논박을 가하는 것은 아마도 『관용에 관한 편지』의 가

---

55) L1, 8쪽.

장 두드러진 특징 중의 하나일 것이다. 로크는 왜 그랬을까. 그
것은 우리가 이미 인용했던 그의 First Tract 끝부분에 암시되
어 있었다. 관용의 정책이란 "성직자의 야심과 복수심을 벗겨
내서 그것이 그들 자신의 추한 욕심이라는 것이 만인에게 폭
로되어 수치를 당할 때"56)만이 성공할 수 있기 때문이다. 그래
서 그는 박해의 명분 뒤에 숨어 있는 실상을 철저히 폭로한다.
성직자들이 하나님의 명예와 영광을 드러낸다는 명분으로 가
하는 종교 박해라는 것이 실은 사적이고 세속적인 야망을 달
성하려는 것임을 입증함으로써 로크는 그것의 가면을 벗겨내
고 그들의 잔인성을 드러내려고 했던 것이다. 그는 사람들이
성스럽지 못하게 종교적 광신에 빠지는 일이 수치스럽다는 것
을 밝히려 했고 그 뒤에 숨어 있는 인간들의 타고난 욕망을 드
러내려 했던 것이다. 그의 열변은 하나님을 분노케 한다는 사
람들(소위 이단자들)에게 향한 열정적 분노를 하나님의 이름
으로 종교를 핍박하는 박해자들에게 돌리고 싶었던 것이다. 그
는 그렇게 함으로써 그의 관용론의 성사를 위한 전제 조건으
로서 성직자들의 세속적 야망과 욕심을 포기하고 합리적인 자
세를 취할 것을 강력하게 요구하고 있는 것이다. 종교적 박해
자들의 박해의 명분 뒤에 숨어 있는 세속적 야망의 해제가 관
용의 정책이 성공하는 데 필수적인 것이다.

그는 종교인들이 행하는 박해와 통치자들이 행하는 박해 뒤
에 숨어 있는 야심과 욕망을 폭로하면서 특히 종교인들의 야

---

56) Two Tracts, 161쪽.

심과 통치자의 지배욕이 합할 때 이루어지는 무자비하고 고질적인 박해를 비난한다. 우선 그는 성직자들의 행동에서 보이는 위선을 지적한다. 예를 들면, 성직자들의 잘못된 열성 같은 것으로서, 자신의 교파 안에서 벌어지는 명백한 악덕은 허용하면서 다른 교파에서 믿고 행하는 신조와 의식이 다르다는 사소한 문제들로 그들을 핍박하는 것[57] ; 그들이 권력을 잡지 못했을 때는 관용을 소리 높여서 설교하지만, 일단 통치자의 호의를 얻게 되면 타종교, 타교파를 박해하는 일[58] ; 그들의 욕심을 하나님의 왕국에 두기보다는 세속적인 지배에 두는 일들을 말한다. 그런데 종교인들의 이러한 욕심이 통치자의 강제력과 합하게 될 때 그것은 아주 위험하게 되며 파괴적이게 된다.[59] 교회의 지도자들은 그들의 꺼질 줄 모르는 지배에 대한 욕망 때문에 자기와 다른 종교적 견해를 가진 사람들을 박해하고 억압하기 위해서, 통치자들의 과도한 욕망과 잘 속아 넘어가는 경박한 대중들의 미신들을 이용한다. 이에 통치자들은 자신들의 권력을 확장할 수 있으며 이단자들로부터 얻는 전리품을 성직자와 나눌 수 있기 때문에 그들과 기꺼이 공모자가 된다.[60] 교회와 국가 사이에 맺어지는 이 불행한 타협의 결과는 공화국 안에서나 교회에서나 전제 정치를 낳는 것이다.[61] 한마디로 말

---

57) L1, 7쪽.
58) L1, 19-20쪽.
59) L1, 23쪽.
60) L1, 53쪽.
61) L1, 54쪽 ; 2T, 92 참조.

해서 탐욕과 약탈 그리고 야망이 너무나도 자주 영혼을 보살 핀다는 명분의 옷을 입는다고 그는 논쟁적인 호소로 독자들을 설득함으로써, 그의 더욱 전문적이고 기술적인 관용론을 받아 들이도록 예비 작업을 하는 것이다. 특히 로크는 독자들에게 다음 절에서 논하게 될 교회와 국가의 분리라는 명제에 눈뜨 게 하려고 했던 것이다.

로크는 이와 같이 박해자들의 욕망과 야심을 폭로하면서 실 제로 교파 간의 갈등을 이루는 내용들은 전혀 신앙의 본질적 인 문제가 아니라는 것도 이야기한다. 그들이 싸우고 있는 내 용은 전혀 기독교의 구원 문제하고는 상관이 없는 문제들인 것이다. 왜냐하면 국교도들과 그들이 박해하는 비국교도들이 나 모두가 다 기독교인으로서 종교의 본질적이고 근본적인 면 에서는 일치하기 때문이다.[62] 종교적 박해를 야기하는 달랠 수 없는 증오감이란 알고 보면 기독교 신앙의 핵심적인 문제 에 관한 것이 아니라 신앙의 변두리에 놓여 있는 비본질적인 문제들, 즉 영혼의 구원과는 상관없는 문제들에 관한 것이다. 실로 유럽의 국가 종교들은 "모두 다, 구원에 꼭 필요한 요소 들에다가 실제로 구원에 필요치 않은 많은 것들을 가져다 붙 임으로써 어느 누구도 그것의 교인이 되는 것을 어렵게 만들 고 있다."[63] 로크는 다음과 같이 묻는다 :

---

62) L1, 24쪽.
63) L3, 422-423쪽.

내 힘을 다해 신성한 지리책[64]에 따라서 예루살렘으로 인도하는 곧은길을 따라 행진하는데도, 왜 다음과 같은 이유로 다른 사람들에게 내가 매를 맞고 학대를 받아야 하는가? 즉, 내가 반장화를 신지 않았다고 해서, 내 머리를 제대로 자르지 않았다고 해서, 올바른 방식으로 세례를 받지 못했다고 해서, 거리에서 고기를 먹었다고 해서, 혹은 내 입맛에 맞는 어떤 다른 음식을 먹었다고 해서, 내게는 가시나무로 혹은 절벽으로 인도하는 길처럼 보이는 곁길들을 피한다고 해서, 같은 길에 나 있는 몇 개의 오솔길 중에서 걷기에 가장 곧고 깨끗한 길을 택했다고 해서, … 혹은 백의를 걸치거나 또는 걸치지 않는다고 해서 그리고 주교관을 쓰거나 쓰지 않은 인도자를 따랐다고 해서 말이다. 확실히 우리가 올바로 숙고해볼 때, 대체로 이러한 것들은 종교와 영혼 구원에 대해서 어떠한 편견도 가지고 있지 않다면 지킬 수도 또 생략할 수도 있는 사소한 것들임을 깨달을 수 있을 것이다.[65]

실로 많은 논쟁거리가 되는 것들의 내용을 살펴보면, 성서 어디에도 언급되지 않은 예배 형태와 같은 그런 사소한 문제들에 관한 것들이다. 사람들이 성서에 언급조차도 되어 있지 않은 것, 그리고 사람들의 자율에 맡겨진 비본질적인 혹은 중립적인(indifferent) 것들 때문에 똑같은 신앙을 가진 다른 사람들을 박해하는 것은 사람의 영혼을 구원하겠다는 단순한 욕구에서 기인한 것이 전혀 아니다.[66] 설령 종교적 문제에 대해

---

64) 이 지리책은 『성경』을 말한다(논자의 해석).
65) L1, 24쪽.

서 강요를 하는 것이 기독교와 모순이지 않는다고 가정하더라도 이러한 가정이 "통치자 자신도 사람들의 구원에 필요하다고 생각지 않았던 것을 성찬식에서 꼭 필요한 것으로 만드는 교회에 다른 사람들을 억지로 집어넣게 할 권리를 통치자에게 부여하는 것은 아니다."[67]

결국 교회 국가란 기독교의 가르침을 체계적으로 왜곡한 것을 바탕으로 구성되어 있다고 로크는 결론을 내린다. 교회 국가의 독재와 그것이 낳은 파벌과 소동 그리고 시민 전쟁에 대한 책임은 기독교 자체에 있는 것이 아니다. 왜냐하면 기독교는 탐욕·야망·불화·싸움 그리고 모든 지나친 욕망을 전적으로 반대하며, 어떤 종교보다도 가장 온화하고 평화로운 종교이기 때문이다.[68] 오히려 그 책임은 기독교 신앙을 겉으로만 표방하는 교회 지도자들에게 있다. 왜냐하면 그들은 세속적인 부와 권력을 얻으려는 과정에서 기독교를 하나의 무기로 변형시켜서는 결국 기독교를 왜곡하는 짓을 하기 때문이다:

탐욕과 채울 수 없는 지배욕으로 물든 교회의 우두머리들과 지도자들은 무절제한 통치자들의 야심과 경솔한 대중들이 쉽게 믿는 미신을 이용함으로써, 그리고 복음의 법과 자비의 교훈과는 반대로 종파분리자와 이교도들의 재산을 빼앗아야 하고 이런 자들은 파괴되어야만 한다고 설교함으로써 대중들을 부추겨서 자기들과는 신념을

---

66) L2, 98쪽.
67) L3, 145쪽.
68) L1, 52-53쪽.

달리하는 사람들에게 분노심을 갖도록 조종해왔다.[69]

알고 보면, 교회의 우두머리들과 지도자들은 종교와 영혼을 돌본다는 미명 아래 그들의 탐욕과 야망을 숨기기 위해서 교회 국가를 세운 것이다.[70]

로크는 다음과 같이 묻는다.

그래도 조금이라도 선한 사람들은 복음의 교역자들이 아니라 오히려 정부의 장관들이라고 볼 수 있다. 왕들과 권력을 쥔 사람들의 야망에 아부하고 그들의 지배를 옹호함으로써 교회 지도자들은 전력을 다해서 교회에서는 세워볼 수도 없는 전제 정치를 공화국 안에서 진작시켜 보려고 갖은 애를 다 쓴다는 것을 누가 모르겠느냐? 이것이 바로 우리가 보고 있는 교회와 국가 사이에 이루어지는 불행한 타협이다.[71]

4. 관용과 시민사회의 목표

어떤 사람들은 공공의 복리를 돌본다는 명분으로 종교적 박해나 비기독교적인 잔인함으로 자신들의 정신을 물들이고 있

---

69) L1, 53쪽.
70) L1, 32쪽.
71) L1, 54쪽.

고, 또 다른 사람들은 종교라는 명목 아래 자기들의 방탕과 부도덕에 대해서 처벌을 받지 않으려고 하는데, 로크는 이런 일이 일어나지 않으려면 종교와 국가의 할 일이 명확하게 구분되어야 한다면서 다음과 같이 이야기한다.

> 나는 무엇보다도 먼저 시민 정부의 일과 종교의 일을 정확하게 구별해서 전자와 후자 사이의 올바른 경계선을 설정할 필요가 있다고 생각한다. 만약 이 작업이 이루어지지 않으면 한편으로는 사람들의 영혼의 이익을 돌본다는 명분과 또 한편으로는 공화국을 돌본다는 명분으로 분쟁이 그칠 날이 없을 것이다.72)

이 일을 하기 위해서는 문제가 되고 있는 이 두 사회, 즉 국가와 교회의 각각의 성격을 검토할 필요가 있다. 그는 관용의 근거를 제시하기 위해서 교회와 국가의 역할과 기능을 구별하고 그 역할과 기능은 완전히 다른 것으로서 서로를 간섭하거나 침해할 수 없다고 주장하며 만약 국가가 종교적 이유 때문에 교회를 간섭한다면 그것은 비이성적인 행동이며 또 간섭의 목적을 성취할 수도 없다고 주장한다. 사실 이것은 로크가 그의 관용론을 전개해나갈 때 중심축이 되고 있는 매우 중요한 주제다. 이러한 교회와 국가의 기능과 역할을 분리하려는 사상은 그에게서 두드러진 사상이었다. 이 사상은 16~17세기 대부분의 사람들에게는 낯선 것이었다.73) 아직도 서양 정치 사상

---

72) L1, 9쪽.

은 여전히 "정치란 영혼을 돌보는 것을 과업으로 하는 기술이다"[74]라는 플라톤의 언명과 일치하였다. 혹은 로크의 동포 후커(Hooker)가 "영혼이 사람에게 더 가치 있는 부분이듯이 인간 사회는 이 세상 삶에 필요한 세속적인 것보다 영혼에 관련된 것을 훨씬 더 많이 돌보아야 한다"[75]고 설명했듯이 국가는 영혼을 돌보는 일에 더 관심을 가져야 한다고 생각했다. 그러나 로크는 당시 사회의 혼란이 바로 이러한 생각을 가지고 있는 교회국가론자에 있다고 보고 교회와 국가의 분리가 바로 그것을 해결할 수 있는 열쇠가 된다고 보았다.

이러한 주제에 대한 체계적이고도 구체적인 설명은 로크의 『제1편지』에 나타나 있지만 그 뼈대는 이미 그의 초기 사상에 나타나 있다. 로크의 일기와 비망록을 발췌해서 킹(Lord King)이 1864년에 발행한 책에 실려 있는 「1673~1674년에 쓴 시민적 권한과 교회 권한의 차이에 대하여(On the difference between civil and ecclesiastical power indorsed excommunication. dated 1673~1674)」에서 이미 그는 이 주제를 다루고 있다. 그는 한

---

73) 16세기와 17세기의 사상사에서 연속성을 강조하는 Skinner는 다음과 같은 점을 지적하고 있다. 즉, 종교 개혁과 반종교 개혁의 이론가들은 그들의 차이점에도 불구하고 모두 세속적 권위는 참된 종교를 강요해야 한다고 믿었다는 점에서는 같았다는 것이다. Quentin Skinner, *The Foundations of Modern Political Thought Volume Two : The Age of Reformation* (Cambridge : Cambridge University Press, 1978), 69, 86, 107, 178-180쪽 참조.

74) Plato, *The Laws*, Thomas L. Pangle 번역 (New York : Basic Books, 1980 : Chicago : University of Chicago Press, 1988), 650b.

75) Richard Hooker, *Of the Laws of Ecclesiastical Polity*, ed. Arthur Stephen McGrade (Cambridge : Cambridge University Press, 1989), 132쪽.

페이지를 둘로 나누어 왼쪽에는 '시민사회, 즉 국가' 그리고 오른쪽에는 '종교 사회, 즉 교회'라는 두 제목을 달고 각각 네 개의 항목을 만들어 평행적으로 비교하여 설명하고 있다. "첫째, 시민사회의 목적은 시민의 평화와 번영, 즉 시민사회의 보존과 이승에서 각각의 시민이 소유한 것들을 자유롭고도 평화롭게 향유하게끔 하는 것이다. 그러나 시민사회의 목적은 이 이승에서의 관심사를 넘어서는 것과는 전혀 관계가 없다. 반면 종교 사회의 목적은 저승의 삶에서 행복을 얻는 것이다. 둘째, 시민사회의 참여와 구성원이 되는 조건은 그 사회의 법에 순종하겠다는 약속이지만, 종교 사회에 참여하거나 구성원이 되는 조건은 교회의 법에 순종하겠다는 약속이다. 셋째, 시민사회의 법이 다루는 문제는 시민적 행복이고 교회의 법이 다루는 문제는 미래의 지복(至福)과 관련되어 있다. 넷째, 시민사회의 법에 순종케 하는 수단은 강제력(force), 즉 형벌이며, 반면 교회 법에 순종하게 하는 수단은 저승에서의 행복에 대한 희망과 불행에 대한 공포심이다."76)

로크는 이러한 사상을 그의 『제1편지』와 그 후속 편지에서 다음과 같이 설명하고 있다. 시민의 권력이 성취할 목적은 그 영역에서 매우 제한되어 있고 본질적으로 완전히 세속적인 것이다. 공화국이란 사람들이 단지 자신들의 시민적 이익을 확보, 보존하고 증진시키며 분쟁을 해결하여 질서를 유지하려는 목적으로 구성한 사회다. 이때, 시민적 이익이란 로크의 말에

76) Lord King, *The Life and Letter of John Locke* (London 1864), 300-301쪽.

의하면 생명·자유·건강·신체의 안락함 그리고 돈·토지·가옥·가구 같은 유무형의 재산 소유를 의미한다. 시민 정부란 국민 개개인에게 안전하게 그들의 생명과 자유 그리고 재산을 향유토록 하기 위해서 설립된 것이다. 따라서 시민 정부 통치자의 의무는 공정하고 평등하게 법을 집행함으로써 전체 모든 국민에게 그리고 국민 각자에게 이 세상 삶에 속한 모든 것들을 정당하게 소유할 수 있도록 안전을 지켜주는 것이다.[77] 그러므로 시민 정부는 사람들의 생명과 이 세상 삶에 속한 것들의 보호와 다른 사람의 권리를 침범하는 사람들을 강제할 수 있는 힘으로 무장해서 처벌하는 것을 목적으로 하고 있다.[78] 통치자가 관할할 수 있는 영역은 단지 이러한 시민적 관심사에만 해당되기 때문에 시민 정부의 영역이란 이러한 것들의 향상을 돌보는 것에 제한되고 국한되어야만 한다. 그러므로 영혼의 구원은 시민 통치자의 관할 영역에 들어오지 않는다.[79] "각자의 영혼과 천국의 일들을 돌보는 것은 전적으로 각자에게 맡겨져 있다."[80]

한편, 교회란 사람들이 신에게 공적인 예배를 드리기 위해서 그들이 생각하기를 신에게 받아들여질 수 있고 그들의 영혼 구원에 효과가 있다고 판단이 되는 나름대로의 방식으로

---

77) L1, 9-10쪽.
78) L1, 10쪽.
79) L1, 10쪽.
80) L1, 44쪽.

자신의 뜻에 따라 함께 모인, 또 원하면 언제든지 어떠한 제재
도 받지 않고 떠날 수 있는 자유롭고도 자발적인 사회라고 로
크는 정의를 내린다 :

　교회란 사람들이 그들 자신의 동의에 의해 입회한 순전히 자발
적인 사회이기 때문에, 어느 누구도 특정 교회나 분파에 소속되어
서 태어나지 않으며, 구원에 대한 희망만이 그가 교회에 들어간
유일한 이유며 또한 그가 거기에 머무를 유일한 이유가 되는 것이
기도 하다. 그렇기 때문에 만일 나중에 그가 교회의 교리에서 틀
린 점을 발견하거나 그곳의 예배가 자기의 맘에 맞지 않는다고 하
면 그가 그곳에 자신의 자유 의사로 참여했던 것처럼 또한 그렇게
마음대로 나올 수도 있는 것이다. 종교 사회의 구성원을 그곳에
묶어놓을 수 있는 것은 영생에 대한 기대감 외에 그 무엇도 아니
다. 그러므로 교회란 이러한 목적으로 자발적으로 묶인 구성원들
이 이룬 사회다.81)

　그리고 교회의 합법적인 영역이란, 시민사회의 통치자의 합
법적인 관심사가 세속적인 이익에 국한되어 있듯이, 본래 교회
가 봉사하도록 설립된 목적에 제한되어 있다. 로크는 다음과
같이 쓰고 있다 :

　종교 사회의 목적은 하나님에 대한 공적인 예배와 그것에 의하
여 영원한 생명을 얻는 것이다. 그러므로 교회의 모든 규율은 그

---

81) L1, 13쪽.

목적을 위해 있어야만 한다. 그리고 모든 교회법은 그것으로 제한되어 있어야만 한다. 시민적인 그리고 세속적인 재산 소유와 관련된 어떠한 것도 이 사회 안에서는 집행되거나 거래될 수가 없다. 어떠한 경우에도 이곳에서는 물리적 강제력이 사용될 수가 없다. 왜냐하면 물리적 강제력은 전적으로 국가 통치자에게만 속한 것이고 모든 외적 재산의 소유에 관한 것은 그의 사법 관할 영역 아래 속하기 때문이다.[82]

그러므로 교회의 목적은 하나님에 대한 예배이고 공화국의 목적은 국민의 시민적 이익의 보호라는 것은 아주 명백한 사실이다. 또한 교회는 삶을 규정하는 일에서 어떠한 경우에도 물리적 강제력을 사용할 수 없다. 강제력은 통치자의 독점물인 것이다. 물론 교회는 다른 수단, 즉 권고·설득·충고를 사용할 수 있으며 궁극적인 제재 조치로 파면을 사용할 수는 있다. 그러나 교회에서는 이외에는 어떠한 다른 조치도 허용될 수가 없다. 교회가 파면 조치를 내린다 해서 그것이 시민의 권리를 박탈하는 일은 할 수 없는 것이다. 왜냐하면 시민의 권리에 관한 문제는 종교가 관여할 문제가 아니기 때문이다. 이와 같이 각각의 사회는 그 나름대로의 법과 구성 조건이 있으며, 어느 편도 상대편의 관심사를 간섭할 권리가 없다. 즉, 정부가 할 일은 치안을 유지하는 것이지, 특정한 교회법에 순종을 강요하기 위해서 형벌을 가하는 것은 전혀 아니다. 그러한 순종을 요구

---

82) L1, 15-16쪽.

할 수 있는 방법이란 저승에서의 보상에 대한 희망과 징벌에 대한 두려움뿐이다. 또한 로크는 다음과 같이 말한다. "어떤 사람의 잘못된 종교적 견해나 적당치 못한 예배 방식에 의해서 다른 사람의 시민적 권리가 침해받는 것이 아니며, 그의 잘못된 신앙 생활로 말미암아 그가 영원한 지옥에 가는 것이 다른 사람에게 해를 끼치지는 않는다는 사실을 볼 때도 영혼의 구원은 시민사회의 영역 밖에 속한다는 것은 당연한 이야기다."[83] 그럼에도 불구하고 종교 문제 때문에 정부가 무력을 사용하게 되면 결국 사람들의 시민적 이익이 훼방을 받고 손해를 보고 손상을 입기 때문에 결국 종교적 불관용은 시민 정부가 형성된 목적과 직접적으로 상치되게 된다.[84] 따라서 관용은 올바로 구성된 정치 질서의 근본 원리가 되어야 한다:

교회 그 자체는 공화국과는 완전히 분리되며 구별된 것이다. 이 양자의 경계선은 고정되어 있고 움직일 수 없는 것이다. 그것들의 기원과 목적, 하는 일 그리고 그 밖에 모든 것에서 완전히 구별되고 서로 아주 다른 이 두 사회를 혼동하는 사람은 하늘과 땅을 그리고 가장 원거리에 떨어져 있는 정반대의 것을 뒤섞는 짓을 하는 것이다.[85]

그러나 만일 개개인들이 자신의 영혼을 돌보는 일에 등한시

---

83) L1, 41쪽.
84) L2, 118쪽.
85) L1, 21쪽.

한다면 어떻게 해야 되나. 로크는 다음과 같이 대답한다 :

　　만일 한 개인이 자기의 건강이나 재산을 돌보는 일에 소홀히 한
　다고 할 때 어떻게 해야 하는가. 이러한 일은 교회보다는 정부에
　관련된 일이라고 볼 수 있는데, 이 경우 통치자는 이런 사람이 가
　난해지지 않도록 혹은 아프지 않도록 특별법을 만들 것인가. 법은
　국민의 재산과 건강이 다른 사람들의 사기와 폭력으로부터 손해
　를 입지 않도록 가능한 한 많은 것을 규정할 수가 있다. 그러나 법
　은 소유자 자신들이 이러한 것들을 소홀히 그리고 아무렇게나 관
　리하는 것으로부터 이들을 보호할 수는 없는 일 아닌가.[86]

　하물며 영혼을 돌보는 일을 등한시하는 것에 대해서 통치자
가 간섭한다는 것은 더욱더 말이 되지 않는다. 공화국의 일은
어디까지나 사람들의 생명 그리고 이 세상의 삶에 속한 것들
을 보호하고 이러한 것들이 그 소유자에게 안전하게 보존되도
록 하는 것이다. 따라서 "통치자는 시민 정부의 목적과는 관계
없는 명분, 즉 종교 때문에 어떤 사람의 혹은 어떤 집단의 세속
적 소유물을 빼앗아 다른 사람이나 다른 집단들에게 줄 수는
없는 것이다. 왜냐하면 한 개인이 믿는 종교가 진실한 것이든
거짓된 것이든 그것은 다른 동료 시민의 세속적으로 관련된
일에는 (이것은 본래 정부가 간섭할 수 있는 것이다.) 해를 끼
치지 않기 때문에",[87] 즉 어떤 개인의 종교적 믿음은 다른 사

---

86) L1, 23쪽.
87) L1, 44쪽.

람들의 시민적 이익에 영향을 주지 않기 때문에, 통치자는 사람들에게 종교적 문제를 강요하기 위해서 무력을 사용할 권리가 주어져 있지 않다. 로크는 다음과 같이 쓰고 있다. "아무도, 어떠한 개인들이나 교회들도, 심지어 공화국들도 종교의 명분으로 시민의 권리와 세속적 재산을 서로 침범할 어떠한 정당한 권리도 없다."[88] 그는 다음과 같이 결론을 내린다.

> 문제는 통치자가 종교 문제에서 혹은 영혼의 구원을 위해서 무력을 개입할 권한이 있느냐 하는 것이다. 그것에 반대하는 논거는 이것이다. 즉, 시민사회는 그러한 목적을 위해서 구성된 것이 아니다. 그러므로 통치자는 공화국이 본래 구성된 목적이 아닌 목적에는 무력을 사용할 수가 없는 것이다.[89]

한마디로 로크의 관용론은 시민사회에 타당한 목적과 목표에 관한 주장에 근거를 둔 것이다. 그러나 주장은 어디까지나 주장이지 논증은 아니다. 즉, 로크는 '왜 시민사회가 추구하는 것이 로크가 규정한 재산이라는 좁은 영역에만 국한해야만 하는가'에 대한 대답을 해야 한다. 그의 대답은 이렇다. 시민사회라는 것은 인간의 계약에 의한 하나의 인공물이며, 인간이 만든 모든 사회에서는 그것들의 목적이란 계약 제정자들이 애초 설정한 것 외에 다른 것이 아니다. 시민사회의 목적이란 그 사

---

88) L1, 20쪽.
89) L3, 212쪽.

회를 형성한 사람들이 그것의 목적을 그렇게 제한하기로 선택했기 때문에 로크가 구체적으로 설명한 시민의 이익 보호에 국한된다는 것이다. 그의 이러한 생각은 이미 그의 『제2정부론』에 나타나 있는 것이다. 사람들이 공화국을 형성하기 위해서 그들의 애초의 자연 상태를 떠날 때 그들의 목적은 그들의 "공동의 선(the common good)"을 보존하는 것이었다.[90] 그 공동의 선이란 바로 "그들의 생명과 자유 그리고 재산(estates), 나는 이 셋을 한마디로 소유권(property)이라 하겠는데, 바로 이것을 상호 보존하는 것"[91]이다. 한마디로 "공화국의 가장 중요하고도 으뜸인 목적은 그들의 소유권(property)을 보존하는 것"[92]이다. 물론 로크는 참된 종교의 지식은 그것이 덕과 경건의 법칙에 따라서 사람들의 삶을 통제하는 데 기여할 것이라는 점에서 시민사회에 도움이 되리라는 것을 기꺼이 인정한다.[93] 그럼에도 불구하고 그는 통치자에게 그의 권력을 부여한 사람들은 그것의 적용을 공화국의 국민을 손상과 폭력으로부터 평화로이 보존하는 유일한 목적에 제한했기 때문에 통치자가 참된 종교를 믿도록 강제력을 사용하면 이익이 된다고 하는 어떠한 견해가 있다 하더라도 그 견해가 통치자로 하여금 그의 권력을 본래 주어진 목적 외에 달리 사용할 수 있는 권한을 갖

---

90) 2T, 131. 또한 2T, 135에서도 로크는 입법부의 최대의 권한은 사회의 공공의 선(이익)에 제한되어 있다고 이야기한다.
91) 2T, 123.
92) 2T, 124.
93) L1, 6쪽.

게 할 수는 없다는 것이다.94)

그러나 시민 정부를 만든 사람들이 그것의 목표를 그렇게 제한하기로 선택한 것이 어떤 본래부터 내재한 필연성의 결과인가, 아니면 어느 때라도 다시 마음만 먹으면 변경할 수 있는 순전히 의지의 행동의 결과인가 하는 문제는 여전히 남는다. 이에 대해서 로크는 단적으로 다음과 같이 대답한다. "우리가 이성적으로 생각해볼 경우 그 사회를 구성한 사람들이 시민사회의 목적을 구상할 때, 이러한 목적 외에는 다른 어떤 것도 생각할 수가 없다."95) 그리고 설령 시민사회의 설립과, 따라서 그것의 목표가 실제로 마음먹은 대로 할 수 있는 의지의 행동이라도 이러한 의지에 의한 행동은 이성의 지시를 받은 명령을 반영하는 것이라고 로크는 주장한다. 조금 구체적으로 얘기하면, 시민사회의 목표들은 제멋대로 정해진 것이 아니라 정부의 수립 이전에 인간들이 처한 조건 아래에서 이성의 명령을 충실하게 반영해서 정한 것이라는 뜻이다. 따라서 시민 사회의 목표들이란 로크가 설명한 것들 바로 그것 외에 다른 것이 있을 수 없다는 것이다.

그런데 시민사회의 설립자들이 수립한 목적들이나 목표들이 지닌 필연성을 이해하기 위해서 우리는 반드시 인간의 자연 상태와 그것이 야기하는 어려움들을 이해해야만 한다. 인간은 본래부터 정치적인 동물이었던 것은 아니다. 정치적인 사회

---

94) L3, 214쪽.
95) L2, 119쪽.

란 전(前) 정치적인 자연 상태에 거주할 때부터 본래 자율적인 개인들 사이에서 이루어진 계약을 통한 순전히 협정의 산물인 것이다. 왜 이 개인들이 정부의 수립에 동의를 했는가. 무엇이 그들로 하여금 이러한 자연 상태에서의 자유와 자율을 자발적으로 양도하게 하고 시민사회의 구속들을 받아들이게끔 했는가. 로크는 자연 상태의 인간의 조건은 불안하다고 본다. 여기 지상에서의 삶의 상태는 깨어지기 쉽고 덧없는 것이며 이것마저 얼마나 지속될는지도 알 수 없는 상태라고 한다. 따라서 이런 인간은 이러한 생을 유지하기 위해서 몇 가지의 외적인 의·식·주의 편익을 필요로 한다. 그러나 이러한 외적인 편익을 확보하는 것은 어려운 작업이다. 즉, 우리들의 생활을 편안하게 유지하기 위해서 필요한 것들은 자연에서 저절로 나는 것이 아니며 또 우리가 사용하기 편하도록 미리 맞추어져 있는 것도 아니다. 이런 것들은 우리들의 고생과 근면을 통해서만 얻어지는 것들이다. 그러나 불행하게도 타락한 인간은 자기가 땀 흘려서 얻기보다는 남에게 해를 끼쳐가면서까지 다른 사람들의 노동의 열매를 약탈한다. 따라서 인간들은 그들의 생명과 소유물들을 다른 사람들로부터 보호하기 위해서 시민사회의 형성에 동의한다:

사람들이 정직하고 근면하게 일해서 얻은 것을 소유하고 보존토록 할 필요 때문에 그리고 앞으로 그들이 원하는 것을 더 획득할 수 있게 하는 그들의 자유와 힘을 보존할 필요성 때문에 사람들은 사회를 형성하지 않을 수 없게 된다. 상호간의 원조와 연합된 힘에 의해서 그들은 그들의 재산과 이승에서의 안락과 행복에 도움이 될 것들을 보존할 수 있게 된다.[96]

사람들은 다른 사람들의 폭력으로부터 자신들과 자신의 소유물을 보호하기 위해서 자연 상태의 자유를 포기할 것에 동의하고 시민사회의 구속에 동의하게 된다. 사람들은 해를 끼치면서까지 서로를 약탈할 수 있는 경향성을 가지고 있다는 사실을 알게 되면 자연 상태에서는 불가피하게 갈등과 폭력이 일어날 수밖에 없으며 결국은 불편한 상태로 되어버리고 만다는 사실을 또한 인정하지 않을 수 없다. 타락한 자연 상태에 수반하는 갈등과 폭력에 직면해서 인간들은,

이성, 즉 자연법에 의해서 그러한 상태의 불편함을 피할 권한이 주어지고 또 그렇게 하도록 요구받는다. 이러한 목적을 위해서 사람들은 자기들을 통치할 권력을 자기들이 적절하다고 생각하는 협정 아래에서 그리고 적절하다고 생각하는 형태로 어떤 사람 혹은 몇 사람의 손에 맡긴다. (그래서 통치자들은 사람들로부터 부여받은 권력을 가지고 그들 자신이 선택한 선한 목적을 위해서 그들을 통치하는 것이다. 그러나 이러한 권력은 하나님으로부터 위임된 권력이라고 불러도 무방하다. 왜냐하면 자연법에 의해서 그러한 권한을 양도할 권한을 부여받은 사람들, 즉 하나님으로부터 그렇게 하도록 권위를 부여받은 사람들에 의하여 임명되고 선택받았기 때문이다.)[97]

---

96) L1, 42쪽.

정치 사회란 인간의 타락한 결과다. 타락이 없다면 정치 사회란 필요 없을 것이다. 이성은 인간의 자연 상태에서의 결함에 대한 필연적인 치료제로서 시민사회의 형성을 명령한다. 즉, 인간의 타락 때문에 사람들이 서로 손해를 끼치지 않으면서 살 수 없다는 것을 깨닫는 상황에서는 이성은 그들에게 정부를 수립해서 그 치료책을 구하라고 가르친다.98)

의지의 자발적인 행동에 의하여 시민사회를 형성한 사람들은 인간의 전(前) 정치적인 조건 아래에서의 결점들을 숙고한 이성의 명백한 명령에 의해 동의하지 않을 수 없게 되어 있다. 더욱이 이성은 시민사회의 형성을 명령할 뿐 아니라 동시에 그것의 성격과 목적을 규정한다. 정치적 권위란 인간의 타락의 결과에서 생겼다고 볼 수 있다. 그러므로 그것은 본질적으로 지시하는 성격을 지니고 있다기보다는 강요적 성격을 띠었다. 즉, 정치적 권위라는 것은 본질적으로 사적인 폭력으로부터 개인들을 보호하도록 구축된 공적인 강제력인 것이다. 정부는 공동체의 주민들과 그들의 재산을 다른 사람들의 폭력으로부터 사적으로든지 집단적으로든지 보호하기 위한 강제력의 사용을 그 목적으로 하고 있는 것이다.

그런데 사람들은 이승에서의 세속적 삶뿐 아니라 불멸의 영혼과 초세속적인 운명을 지니고 있다 :

---

97) L3, 224쪽.
98) L3, 503쪽.

사람은 누구나 영원한 행복 혹은 영원한 불행을 가능케 하는 불멸의 영혼을 가지고 있다. 그런데 그 영혼의 행복은 그가 이승에서 하나님의 은총을 얻기에 필요한 것들 그래서 하나님이 그 목적으로 규정한 것들을 믿고 행하느냐에 달려 있다. 따라서 이러한 것들을 준수하는 것은 인류 앞에 놓인 가장 고매한 의무이기 때문에 이러한 것들을 찾아서 실행하는 데에 우리의 최대의 정성과 열심과 근면을 바쳐야 한다.99)

로크는 조심스럽게 인간 삶에서 영원한 목표와 세속적인 목표를 구별하고 전자의 우월성을 주장한다. 즉, 각 개인의 최고의 의무는 자기의 구원을 위해서 하나님이 규정한 것들을 수행하는 것이다. 영원과 비교해서 더 우월할 것은 아무것도 없기 때문에 그는 모든 사람이 가장 중요하게 그리고 가장 우선적으로 돌보아야 하는 것은 그 자신의 영혼이 되어야 한다는 사실을 기꺼이 인정한다.100)

그러나 로크가 인간의 세속적 삶보다 초세속적 운명에 우선권을 둘 것을 주장했다고 해서 그가 결코 그의 근본적인 개인주의를 변경하는 것은 아니다. 로크가 종교적 문제를 다루는 방식은 그가 인간의 세속적 삶을 다룰 때 보여주는 개인주의를 그대로 반영하고 있다. 즉, "각 사람의 구원을 돌보는 일은 바로 자기 자신에게 맡겨져 있다"는 것이다. 세속적 재산에 대해서 인간은 타고난 권리를 가진다는 이 천부적 자유는 또한

---

99) L1, 41쪽.
100) L1, 44쪽.

그의 영원한 목표를 추구하는 데에서도 마찬가지로 유효하다. 정치적 권위가 협정에 의한 것이고 본래부터 개개인은 자기가 가장 좋다고 생각하는 어떤 방식으로든지 자기의 세속적 재산을 돌볼 권리를 소유하고 있듯이, 마찬가지로 각 개인은 자기가 알맞다고 생각하는 어떤 방식으로든지 그의 영혼을 돌볼 자연권을 소유하고 있다. 즉, "양심의 자유는 모든 사람의 자연권이다."101)

비록 개개인들은 세속적 이익을 자신들이 알맞다고 보는 방식으로 돌볼 자연권을 소유하고 있긴 하지만 그들은 시민사회 형성에 동의함으로써 그러한 자유의 일부를 자발적으로 양도하기로 결정한다. 그러나 그들은 종교적인 문제에서는 그들의 자연권에 대해서 똑같이 행동하지 않는다. 왜 그런가. 다시 말하자면 왜 이성, 즉 자연법은 시민사회의 목표들을 생명·자유·건강·육체의 안락 그리고 외적인 것들의 소유 같은 시민적 이익의 보존이라는 좁은 영역으로 제한할 것으로 명령하면서, 동시에 이성은 초월적인 중요성을 지니고 있는 영혼 돌보는 일은 시민사회의 영역에서 제외되어야 한다고 명령하는가.

로크는 다음과 같이 대답한다. 이성은 시민사회가 주는 장점을 확보하기 위해서 개개인들이 세속적 일에 대해서 가지고 있는 천부의 자유 중 일부를 양도할 것을 명령한다. 이성은 사람들에게 정치적 사회가 가진 강제적 무력은 그들의 세속적 재산을 악한 사람들의 폭력으로부터 보호하기 위해서 절대적

101) L1, 47-48쪽.

으로 필수적이기 때문에 정치적 사회라는 인공물을 만드는 것
에 동의하도록 충고한다. 만일 시민사회가 물리적 강제력을 가
지고 있지 않다면, 개인들과 그들의 소유물은 약탈하려는 사람
들 앞에 무력하게 당할 수밖에 없을 것이다. 그러나 개인이 영
혼을 돌보는 문제의 경우에서는 상황이 근본적으로 다르다. 따
라서 이성이 내리는 명령도 다르다. 정치 사회에서의 물리적
강제력은 우리의 세속적 복지의 보호를 위해서 필수적이지만,
우리의 영혼의 구원에서는 필수적이 아니다. 우리의 세속적 복
지는 다른 사람들의 폭력에 의해서 파괴될 수 있지만, 그러나
다른 사람들의 폭력은 우리에게서 우리의 영혼을 박탈하거나
우리에게 영원한 구원을 못 받게 하거나 할 수는 없다. 또한
개인이 잘못된 종교적 믿음을 가졌다고 해서 혹은 그의 영원
한 구원을 소홀히 했다고 해서 그것이 다른 사람의 자연권을
해치는 것도 아니다. 그리고 그렇게 했다고 해서 다른 사람의
인격이나 소유물에 폭력을 가하지도 않으며 사람들이 물리적
강제력을 사용하지 않고서는 피할 수 없거나 보상할 수 없을
정도의 손상을 주는 것도 아니다.

시민사회의 물리적 강제력은 우리의 영원한 구원 문제에서
는 본질적인 것이 아니기 때문에 사람들이 자신의 영혼을 돌
보는 일에 대한 천부의 자유를 양도하는 것은 합리적인 일이
못 된다. 즉, "사람들이 영혼의 구원을 위해서는 시민사회의 강
제력이 필요치도 않는데 자신의 영혼 구원의 확보와 안전과
진척을 위해서 시민사회로 들어간다는 것은 이성을 가지고는

상상할 수 없는 일이다."102) 로크는 이 문제를 『세 번째 편지』
에서 다음과 같이 요약하고 있다.

> 공화국의 목적은 피하고는 싶은데 강제력이 아니면 막을 수 없
> 거나 다른 사람으로부터 가해지는 보상받을 수 없는 그런 피해들
> 로부터 보호받자는 것 외에 아무것도 아니다. 이런 것을 제외한
> 그 밖의 모든 것들은 정부에서가 아니라 이웃에게서 충분히 얻을
> 수 있기 때문에 사람들이 이 목적 외에는 그들의 천부의 자유를
> 양도해서 시민 통치자의 중재에 자신을 떠맡기지 않는 것이다.
> (그래서 통치자는 이러한 목적에 부합하는 그의 명령에 국민들이
> 순종하도록 하기 위하여 공화국의 모든 구성원의 강제력을 자기
> 손에 양도받은 것이다.) 그런데 어떤 사람도 그리고 사람들이 모
> 인 어떤 사회도 종교에 대한 그들의 신념이나 예배 방식을 통해서
> 는 자기들과 다른 견해를 가진 사람에게 강제력의 도움 없이는 피
> 할 수 없거나 보상할 수 없는 손상을 입히지 않을 것이기 때문에
> 통치자에게 부여한 강제력으로는 어떠한 종교적인 신념에 대해서
> 도 혹은 어떠한 예배 형식에 대해서도 형벌을 가한다는 것은 공화
> 국을 구성하고 그것에 참여하는 사람들에 의해서는 의도될 수가
> 없는 일이다. 그리고 그런 것이 공화국의 목적이 될 수도 없다. 오
> 히려 사실은 그와는 정반대다. 자연 상태에서 어떤 사람을 다른
> 사람이 진리라고 생각하는 종교에 집어넣기 위해서 강제력을 사
> 용하는 것은 모든 사람이 피하고자 하는 해악 중의 하나를 가하는
> 것이 되기 때문에 오히려, 그런 것의 피해로부터 사람을 보호하는
> 것이야말로 공화국의 목적 중의 하나다. 그래서 모든 사람은 관용

---

102) L2, 119쪽.

을 누릴 권리를 갖는 것이다.[103]

실로 자연 상태에서 어떤 사람이 참이라고 생각하는 종교에
다른 사람을 데려오기 위해서 강제력을 사용하는 것은 모든
사람이 피하고 싶어하는 해악이기 때문에 그와 같은 해로부터
의 보호야말로 공화국의 목적 중에 하나가 되는 것이다. 이렇
게 해서 폭력으로부터 개인을 보호하려는 시민사회의 위임 통
치는 종교적으로 야기되는 폭력의 영역까지 확대된다. 그래서
종교의 자유를 보호하는 것, 즉 종교적 불관용으로부터 개인을
보호하는 것은 정치 질서의 기본적 목적 중의 하나가 된다.

5. 심리학적-인식론적 조망

로크의 심리학에 따르면, "인간 오성(understanding)의 본성
이란 본디 외적인 강제력에 의해서 어떤 것을 믿게 되는 그런 것
이 아니다."[104] 골디(Goldie)가 "현대 자유주의의 직관(modern
liberal intuition)"[105]이라고 부른 '무력(force)은 믿음을 낳을
수 없다'는 이 로크의 심리학적 주장은 그의 관용론에서 매우

---

103) L3, 212쪽.
104) L1, 11쪽.
105) Mark Goldie, "The Theory of Religious Intolerance in Restoration
England" in *From Persecution to Toleration*, ed. Les Peter Grell, Jonathan
I. Israel, and Nicholas Tayacke (Oxford : Clarendon Press, 1991), 366쪽.

중요한 요소며 자유주의의 초석이기도 하다. 무력이 종교적 신념에 영향을 주려 할 때 거기에는 두 개의 장애물이 놓여 있다. 첫째는 무력이 의지(will)에 영향을 줄 수 있을지는 몰라도 그것이 직접적으로 오성에 힘을 발휘할 수는 없다. 둘째로 인간의 오성은 의지와는 상관없이 독립적으로 작용한다는 것이다.106) 따라서 무력이란 그것이 사람으로 하여금 겉으로 어떤 신조를 고백하게 할 수 있는 한 의지에 영향을 준다고 볼 수 있지만, 이와는 대조적으로 우리가 실제로 믿고 있는 것은 무력의 영향을 받지 않고 의지와는 상관없이 여전히 독립적으로 있는 것이다. 정치적인 권력이란 무력을 사용할 수 있는 권력으로 정의될 수 있는데,107) 로크의 심리학적 명제에 의하면 무력은 믿음을 강제적으로 낳을 수 없으므로 결국 영혼의 보살핌은 통치자의 무력에 맡길 수 없으며, 맡긴다 해도 그것은 영혼 구원에 결코 공헌할 수 없다는 것이다. 왜냐하면 종교란 단순히 외적인 의식(儀式)의 수행이나 믿음을 겉으로 고백하는 문제로 끝나는 것이 아니기 때문이다. "참되고 구원의 능력이 있는 종교는 내적인 마음의 확신이 있어야 한다. 믿음이 없는 신앙은 신앙이 아닌 것이다. 왜냐하면 그것이 없이는 하나님은 어떠한 것도 받아들일 수가 없기 때문이다."108)

그런데 교회 국가가 사용할 수 있는 강제적 수단들은 신앙

---

106) L1, 39쪽.
107) L1, 27쪽.
108) L1, 11쪽.

의 외적인 고백을 강요할 수 있을지는 모르지만, 그것들은 하나님이 그것 없이는 아무것도 받아들일 수 없는 마음의 내적인 확신을 낳을 수는 없는 것이다. 왜냐하면 인간의 오성의 본성상, 오성은 외적인 강제력에 의해서 어떤 것에 대해서 믿음을 가지는 것이 아니기 때문이다. 종교 문제에서는 "현재 자기가 가지고 있는 빛과 확신만이 진리의 판단을 위해서 그가 따라야만 하고 또 따를 수밖에 없는 안내자다."109) 그 빛은 결코 신체적 고통으로부터 생기는 것이 아니고 이성으로부터 발하는 빛이다.110) 따라서 교회 국가가 종교적 진리를 위해서 사용하는 수단들이란 그것들이 공공연히 주장하는 영혼의 구원의 목적을 달성하기에는 애초부터 무력한 것들이다.

사실 사람들은 외적인 강요 이전에 자기의 영혼을 돌보는 일을 다른 사람에게 맡기려 마음을 먹어도 그것은 본질상 그렇게 될 수가 없는 것이다:

그런 권한은 사람들의 동의에 의하여 통치자에게 부여될 수가 없는 것이다. 왜냐하면 어느 누구도 자신의 구원을 돌보는 문제에서 자신이 어떤 신앙이나 예배를 택해야 하느냐는 선택의 문제를 왕이든 다른 사람이든 그들에게 맡길 정도로 소홀히 하지는 않을 것이기 때문이다. 누구도 자기의 신앙을 다른 사람의 명령에 따라 이루어지도록 할 수는 없는 것이다.111)

---

109) L3, 334쪽.
110) L3, 532쪽 참조.
111) L1, 10쪽.

그럼에도 불구하고 사람들에게 자기네들이 믿지 않는 종교에 대해서 공개적으로 고백토록 강제하는 것은 구원의 신앙을 낳기는커녕 실상은 구원을 방해하는 것이 된다. "만일 우리 자신의 마음에 우리가 고백하는 종교가 참이고 신이 만족해 할 것이라는 완전한 확신이 서지 않는다면 그러한 종교와 그러한 예배는 오히려 우리의 구원에 커다란 방해물이 될 것이다."[112] 그러므로 교회 국가는 단지 위선자들을 만들 뿐이다. "개인의 양심에 반하는 종교에 대한 고백을 하면 우리는 또 하나의 죄, 즉 위선이란 죄를 범하게 되고 이로 인하여 신에게 저주받을 가능성을 늘릴 뿐이다."[113] "달콤한 종교(sweet religion)란 사람들로 하여금 그들의 영혼 구원을 위한다는 명분으로 위선을 강요하고 신과 인간에게 거짓말을 강요하게 하는 종교다"[114]라고 로크는 공격한다. 더욱이 무력이란 억제를 말하는 것이고 또한 억제란 무질서와 반란을 초래하게 된다. 그렇기 때문에 심지어 국가가 억제해야만 하는 위험한 실천적 신조와 비도덕적 행동조차도 가능한 한 관대하게 다루어야 한다. 그러한 사람들을 제한하기는 해야 하지만 강제적으로 그들의 주장을 포기하게 해서는 안 되며 더욱이 그들의 주장과 반대되는 주장에 동의를 선언하도록 강요하는 일은 더군다나 안 된다. 폭력이 아니라 관용이야말로 비국교도들이 국가에 대해서 우호적

---

112) L1, 11쪽
113) L1, 11쪽.
114) L1, 40쪽.

인 태도를 취하게 한다. 비국교도들이 통치자에게 문제를 일으킬 때마다 보면, 그들을 국가에 대해서 적대적으로 만드는 원인은 다름 아니라 국가가 그들을 가혹하게 다루는 데 있는 것이다.

"하나님 자신은 인간들의 의지에 반해서 인간을 구원하지 않을 것"[115]이기 때문에 교회 국가라는 메커니즘 속에서 인간을 구원하겠다는 사람들은 실상 구원의 길이 무엇인지 거의 이해하지 못하고 있는 것이라고 로크는 주장한다. 로크는 다음과 같이 결론을 내린다:

설령 통치자가 종교에 대해 가지고 있는 신념이 건전하다 할지라도, 그리고 그가 선택한 길이 정말로 복음적이라 하더라도 만일 내 자신이 그것에 대해서 철저하게 확신을 가지고 있지 않다면 내가 그것을 따르는 데 안전이란 전혀 보장되어 있는 것이 아니다. 내 양심의 명령에 반해서 걷게 되는 길은 그것이 어떠한 길이라도 결코 나를 축복받은 자들이 들어가는 집으로 인도하지 못할 것이다. 나는 내가 별로 즐거워하지 않는 예술 작품으로 부자가 될 수도 있다. 나는 내가 신뢰하지 않는 치료법으로도 나의 질병을 치료받을 수도 있다. 그러나 내가 믿지 않는 종교를 가지고서는 구원받을 수 없다. … 불신자가 다른 사람의 신앙 고백을 겉으로 흉내 내보았자 아무 소용이 없다. 신앙과 내적인 신실함만이 하나님의 용납을 보장하는 것이다. 한마디로 얘기해서 어느 종교든지 그 속에 내가 진실이 아니라고 생각하는 것이 있다면 그 종교는 내게

---

115) L1, 23쪽.

진리가 될 수도 없으며 내게 이익이 되지도 못한다. 따라서 왕이 자기 신하들에게 그들의 영혼을 구원한다는 명목으로 자기 교파에 억지로 가입시키는 것은 아무 소용이 없는 일이다. 만일 그들이 믿게 되면 그냥 내버려두어도 제 발로 걸어 들어오게 되어 있다. 그러나 만일 그들이 믿지 않으면서도 들어오는 것은 전혀 소용이 없는 일이 된다. 결론적으로 말해서 겉으로 드러난 선의와 자비심과 인간의 영혼 구원에 대한 관심이 아무리 크다 해도 인간을 강제적으로 구원받게 할 수는 없다. 따라서 모든 것이 다 주어진 후에는 사람들은 자기의 양심의 명령에 따르도록 내버려두어야 한다.[116]

그러나 로크의 심리학적 논의는 당시의 프로스트뿐 아니라 현대의 여러 사상가들에 의해서 각각 다른 근거로 반박을 받아왔다.[117] 그러나 이들이 제기하는 이의를 보면 공통적인 명제가 있는데 그것은 로크가 심리학적 논의를 관용의 논거로 가장 중요하게 생각한다는 명제다. 그러나 우리는 로크의 다음과 같은 주장을 보면 그렇지 않다는 사실을 알 수 있다. 비록 "엄한 법률과 형벌의 힘이 사람의 마음을 설득하고 변화시킨다 할지라도, 그것은 그들의 영혼의 구원에는 전혀 도움이 되

---

116) L1, 28쪽.

117) 몇몇 최근의 학자들은 이 문제에 대해서 프로스트의 입장을 지지하고 있다. John Dunn, *The Political Thought of John Locke* (Cambridge : Cambridge Uni. Press 1969), 33쪽, 주 1 ; Jeremy Waldron, "Locke : toleration and the rationality of persecution," in *Justifying Toleration*, Susan Mendus 편집 (Cambridge : Cambridge University Press, 1988), 79-86쪽 ; Mark Goldie, 앞의 책, 366쪽.

지 않는다."118) 그 이유는 어느 누구도 세상에 있는 많은 종교 중 과연 어느 것이 시민의 오성을 강요할 수 있을 정도의 참된 종교가 될 수 있는가를 아는 것은 실제로 불가능하며 따라서 강요하는 그 종교가 참된 종교라고 보장할 수가 없기 때문이다.119) 이런 면에서 볼 때 로크의 관용론의 논거 중에서 "무력은 믿음을 낳을 수 없다"라는 심리학적 논거가 중심이 되기보다는 "모든 사람은 자기 자신에게 정통이 된다(Every one is Orthodox to himself)(자신의 견해가 적어도 자신에게서는 정통적인 견해인 것이다)."120) 즉, 많은 정통적 견해 가운데서 어느 것이 진짜 정통이냐를 구별하는 객관적인 방법은 없다는 그의 인식론적 논의야말로 그의 관용론의 논거 중에서 가장 중심이 되는 논의라고 볼 수 있다. 비록 이러한 인식론적 논거가 로크의 『제1편지』에서는 거의 관심을 받지 못하지만 그의 뒤따른 편지에서는 논의의 초점이 되고 있다. 프로스트와의 관용론 논쟁이 진전되어 갈수록 이 인식론적 논의 없이는 그의 관용론의 전개가 이루어질 수 없다는 사실은 점점 더 분명해진다. 우리는 그의 인식론적 회의적 입장을 전개하기 전에 우선 '진리 자체가 지닌 특성상 무력의 사용은 필요치 않다'고 한 로크의 이야기를 잠깐 언급한 후에, 주로 『제1편지』에 나타난 인식론적 논거를 살펴보겠다. 그는 『제1편지』에서는 주로 종교 문제에

118) L1, 12쪽.
119) L1, 12쪽 후반부 참조.
120) L1, 5쪽, 18쪽.

서 진리 소유에 대한 회의적 입장을 표명하고 있다.

로크는 정부의 행동이 종교적 진리의 우위성을 확보하는 데 필수적이라는 생각에 반대한다. 종교를 전파하는 데 국가의 무력을 요청하는 일은 잘못된 일이라는 것이다. "진리란 그냥 내버려두어도 결국은 충분히 번창하는 법이다. 진리란 여태까지 위대한 사람들의 힘으로부터 많은 도움을 받아본 적이 거의 없으며 우려컨대 앞으로도 그럴 것이라고 생각한다. 왜냐하면 진리는 힘 있는 사람에게 이해되어본 적이 거의 없으며 환영받아본 적은 더욱더 없는 편이기 때문이다. 진리는 법의 힘에 의해서 가르쳐지는 것이 아니다. 또한 진리는 사람들의 마음에 파고 들어가는 데에 물리적 강제력을 요구하지 않는다. 그런데도 진리를 전파하는 데에 진리 자체 말고 외부로부터의 원군(援軍)을 요청하는 잘못을 저지르는 일이 실로 만연되어 있다."121) 또한 로크는 『제2편지』에서 다음과 같이 쓰고 있다 : "종교에서 사람들이 인위적으로 만들어놓은 것들은 그것을 유지하기 위해서 강제력과 인간의 도움을 필요로 하나, 하나님이 만들어놓은 종교는 그것을 보급되게 하는 데에 인간의 권위의 도움을 필요로 하지 않는다."122)

다음으로 종교 문제에서 진리 소유에 대한 그의 입장을 살펴보자. 『제1편지』에서 로크는 "부자가 되는 길은 천 가지나 되지만 천국으로 들어가는 길은 오로지 하나라고 주장하는 사

---

121) L1, 40쪽.
122) L2, 64쪽.

람들은 종교적 문제에서 특히 한 길로 갈 것을 강요하길 원하는 사람들이다. 왜냐하면 천국으로 가는 길이 여럿이 있다면 강제할 명분이 별로 남아 있지 못할 것이기 때문이다"[123]라고 얘기한다. 이 말이 의미하는 바는 종교 문제에 대해서 강제력 사용을 주장하는 사람들의 진리에 대한 인식론적 입장은 절대론적 입장이며 자기의 입장은 상대론적 혹은 회의적 입장에 있음을 표현하고 있는 것이다. 로크는 결국 우리는 천국에 갈 수 있는 것처럼 보이는 많은 길 중에서 어느 것이 참된 길인지는 알 수 없다고 주장한다. 자기 교회가 참이라고 서로 다투는 갈등에서 인간의 정신은 어느 교회의 교리가 참인지, 즉 어느 교회의 신조가 참인지를 확실성을 가지고 결정할 수가 없다. 따라서 어떤 재판관도 종교 논쟁을 해결할 수 없는 것이다:

어느 교회든지 자기 자신에 대해서는 정통이 되지만, 다른 교회의 입장에서는 틀린 것이 되거나 이단이 되게 된다. 어떤 교회든지 자기들이 믿는 것은 참이라고 믿으며 그것에 반대되는 것은 오류라고 선언한다. 따라서 교리의 진리성에 대해서 그리고 예배의 순수성에 대해서 교회들 사이의 논쟁은 양측이 다 대등한 입장에 있는 것이다. 그 논쟁을 해결할 재판관은 콘스탄티노플에도 그리고 지구 그 어느 곳에도 있을 수가 없다. 그 문제의 결정은 오로지 모든 인류의 최고 재판관인 하나님만이 할 수 있는 것이다.[124]

---

123) L1, 24쪽.
124) L1, 18-19쪽.

그리고 만일 모든 통치자가 하나의 진리만이 있고 천국에 가는 길이 하나만 있다고 믿으며 자기의 종교가 바로 그것이라고 생각하고서 종교 문제에 강제력을 사용하게 되면 한 나라만 빼고 다른 나라 사람들의 영혼들은 모두 파멸의 길로 가야 되지 않느냐고 로크는 말한다 :

단 하나의 진리만이 있고 천국에 이르는 길이 단 하나라면 (왜냐하면 통치자의 종교만이 참된 종교이기 때문에) 다시 말해서 사람들이 통치자의 종교만을 따르는 길 외에 다른 방도가 없으며 자신들의 이성의 빛을 포기하고 자신들의 양심의 명령을 따르지 못하고 그들이 태어난 나라에서 무지와 야망과 미신에 의해서 어쩌다 정해진 종교를 따를 수밖에 없다면 도대체 더 많은 사람들이 진리와 천국에 이르는 길로 인도될 희망이 있는가? 종교에 대한 견해가 다양하고 서로 모순인 세상 가운데서 세상의 통치자들은 그들의 세속적 이해가 서로 엇갈린 만큼이나 종교에서도 그들의 견해가 다양하고 서로 모순이기 때문에 통치자의 종교를 따르는 것만이 진리에 이르는 길이라면, 진리에 이르는 길은 훨씬 더 협소해지게 된다. 오직 한 나라만의 종교가 옳다면 통치자의 종교만 따라야 하는 의무를 지닌 세상의 나머지 나라 사람들은 모두 파멸의 길로 접어들 수밖에 없을 것이다. 결국 사람들의 영원한 행복이나 비참함은 그가 어느 나라에 태어났느냐에 좌우되게 되어 있다.[125]

---

125) L1, 12쪽.

또한 한 나라의 국가 종교만이 진리를 소유하고 있다고 할 때 모든 곳에서 종교적 박해가 일어날 수밖에 없다고 로크는 이야기한다 :

따라서 만일 영혼의 문제에 관해서 그러한 힘이 예를 들면 제네바에서처럼 시민 통치자에게 주어지면 그는 아마도 그곳에서 우상 숭배로 이름난 종교를 폭력과 피로써 절멸시켜버릴는지 모른다. 그리고 제네바에 이웃하는 나라에서는 그곳의 통치자가 똑같은 원칙에 의하여 개혁 종교를 억압할 수도 있다. 그리고 인도에서는 똑같은 원리에 따라 기독교를 박해할 수도 있다.126)

그러나 로크는 우리가 설령 종교적 진리를 알 수 있다 해도 그것은 어떤 특정 계급의 인간들만의 전유물로서 주장할 명백한 권리는 없다고 한다. 로크는 다음과 같이 진술하고 있다 :

모든 사람이 스스로 진지하게 탐구해야 되는 것 그리고 명상·연구·조사 그리고 그 자신의 노력에 의해서 알 수 있는 것들은 어떤 한 종류의 인간들만이 특별히 소유하고 있는 것으로 볼 수는 없다.127)

사람들은 보통 특별히 통치자들과 성직자들은 참된 종교를 알아볼 수 있는 통찰력을 가지고 있다고 생각하는데 로크는

---

126) L1, 35쪽.
127) L1, 25쪽.

오히려 그 반대라는 것이다. 물론 그가 이렇게 주장한 이유는 통치자는 절대적으로 그런 통찰력을 지니지 못한다는 것이 아니라 통치자는 종교적 문제에 대해서 중립적 입장에 서야 한다는 것을 주장하기 위한 것이다. "통치할 수 있는 권리나 기술을 갖는다는 것이 반드시 다른 것들에 대한 확실한 지식을 가져야 한다는 것은 아니며, 특히 참된 종교에 대한 지식은 거의 알 필요가 없는 것이다."128) 그뿐 아니라 실제상에서도 통치자는 시간에 쫓기기 때문에 보통 사람들보다 참된 종교를 알아볼 통찰력을 가질 가능성이 훨씬 희박할 것 같다는 것이다. "많은 세상의 통치자들이 종교적 문제에서 서로 전혀 다른 의견을 가지고 있는 것"129)을 보면 오히려 그들은 종교 문제에서 얼마나 무지한가를 알 수 있다. 마찬가지로 성직자들 역시 종교 문제에서 "그들의 의견이 아주 다르고 서로 간에 논쟁이 심한 것을 보면, 통치자들보다 조금도 더 건전하고 나을 수가 없다."130) 이러한 사실을 인정할 때 개인들이 종교적인 문제에 대해 사적으로 판단을 내릴 권리를 양도함으로써 통치자의 판단에 순종할 이유는 전혀 없는 것이다 :

> 영원한 행복에 이르는 참된 길은 오로지 하나뿐이라 하더라도 실제에서 사람들이 따르는 이 다양한 길 중에서 과연 어느 것이

---

128) L1, 25쪽.
129) L1, 25쪽.
130) L1, 28쪽.

옳은 것이냐 하는 것은 여전히 의심스러운 것이다. 공화국이 돌본 다고 해서 혹은 통치권자가 법을 제정할 권리가 있다고 해서 천국 가는 길을 각 개개인들이 탐구하고 연구해서 발견하는 것보다 더 확실하게 찾는 것도 아니다. 내가 몸이 약해서 나른해지는 병으로 누웠다 하자. 이때 그 병에 대해서는 오로지 한 가지 치료법만이 있는데 내가 모른다고 해보자. 이 경우 나는 오로지 한 가지 치료 법밖에 없으며 또 그 길을 내가 알 수 없기 때문에 내게 그 치료를 처방해줄 자는 통치자라고 생각하는가? 죽음을 회피할 방법은 오 로지 한 가지 방법밖에 없기 때문에 통치자가 명령하는 것은 무엇 이든지 내게 안전한가.[131]

실제로 로크는 헨리 8세·에드워드 6세·메리·엘리자베스 여왕의 통치를 거치면서 영국 교회가 겪은 엄청난 변화(개혁 교회에서 가톨릭으로, 다시 개혁 교회로)를 염두에 두면서 무 신론자 빼고는 누구도 종교 문제에서 통치자와 성직자의 명령 을 맹목적으로 따를 사람은 아무도 없다고 결론을 내린다.[132] 따라서 종교 문제에서 강제력을 사용할 권리는 오로지 참 종 교를 가진 자만이 갖는다고 말하는 것은 겉으로 보기에는 그 럴 듯한 말인지는 모르지만 실은 우리에게 말해주는 내용이 아무것도 없는 것이 되어버린다.[133] 모든 사람이 다 자기 자신 에 대해 정통이기 때문이다. 설령 진리에 이르는 길이 하나가

---

131) L1, 25쪽.
132) L1, 27쪽.
133) L1, 18쪽 참조.

있더라도 그것을 통치자가 알 가능성은 거의 없으므로 오로지 참 종교의 전파를 위해서만 국가 권력이 사용될 자격이 있다 는 말은 사실상 무의미한 말이 되어버린다.

교회국가론자들에 의하면 종교적 진리는 하나이고 그것은 인식 가능한 것이며 그러므로 국가는 공적인 종교를 수립할 수 있고 동시에 그것에 반대하는 사람들을 징벌할 수 있는 권 리를 가질 수 있다고 한다. 그러나 로크는 후속 편지들에서도 분명하게 언급하고 있듯이, 종교적 진리 특히 계시 종교란 인 식론적으로 인식 가능한 지식(knowledge)이 아니라 단지 신념 에 불과하다고 그 지위를 전락시킴으로써 교회 국가의 기초를 뒤흔들어놓는 역할을 하게 된 것이다.

6. 관용의 의무, 영역 그리고 한계

로크는 종교적인 불화가 정치적으로 얼마나 큰 폭발력을 지 닌 것인지 아주 잘 알고 있었으며 직접적인 경험을 통해 종교 적인 불화가 아주 쉽게 공공 질서를 파괴할 수 있는 갈등으로 분출할 수 있다는 사실을 알고 있었다. 이런 종교적 불화는 교 회국가론자들처럼 종교의 만장일치에서 해결할 수도 없으며 또 그것은 종교적 진리가 가지고 있는 본성상 불가능한 일이 기 때문에 로크는 관용이야말로 지속적인 정치 질서가 수립될 수 있는 유일한 기반이라고 주장한다. 그러나 종교적 불화를 그냥 방치만 한다고 해서 그 자체로서 평화가 보장되는 것은 아니다. 즉, 그의 종교적 관용이란 국가가 종교 문제에 대해서는 무한정의 관용을 허용함으로써 종교적 불화가 해결되어 평화와 질서의 세계가 온다는 게 아니라는 것이다. 관용의 권리를 누리려면 그에 상응하는 관용의 수혜자로서 지켜야 할 의무와 책임이 수반되며 모든 다른 권리와 마찬가지로 제한이 있다는 것이다. 만약 그러한 의무를 수행하지 않게 되어 허용된 관용의 범위를 넘어가게 되면 정부로서는 관용의 권리에 대해 간섭하지 않을 수 없게 된다. 다시 말해서 종교적 관용이 실제적으로 실행되려면, 즉 그것이 시민전쟁 시의 무정부 상태를 초래하지 않기 위해서는 각 개인들과 교회 혹은 종교적 지도자들 그리고 공공의 관리들은 각각 "관용의 의무는 어디까지이고 그것에 의해 모든 사람들로부터 요구되는 것이 무엇인가"[134]를 반드시 정확히 알아야 한다. 즉, 종교적 관용을 인정하는 정부가 제대로 작동하기 위해서는 공동체의 구성원들은 반드시 관용에 의해서 그들에게 부과되는 책임뿐 아니라 관용의 영역과 한계를 반드시 알고 있어야 한다는 것이다. 로크가 그의 『제1편지』의 많은 부분을 관용의 의무에 의해서 부과된 책임과 관용의 한계를 구체적으로 설명하는 것에 할애하는 것을 보면, 종교적 관용을 인정하는 정부가 질서정연하게 움직이는 데에서 로크는 관용에 대한 영역과 한계에 대한 지식을 매우 중요하게 여겼음을 알 수 있다.

---

134) L1, 16쪽.

먼저 로크는 관용의 의무가 교회로부터 요구하는 것이 무엇인가를 검토하는 것에서 시작한다. 그에 의하면, 관용의 의무에 의해서 교회가 가장 먼저 해야 할 일은 관용을 근본적 도덕원칙으로 받아들이고 그것을 교인들에게 가르쳐야 한다는 것이다. 로크가 추구하는 관용이 인정되는 정부 아래에서는,

> 만일 일단 관용의 법이 정착되면 모든 교회들은 관용을 그들 자신의 자유의 기초로서 규정하지 않을 수 없게 되고 양심의 자유는 자신들에게 뿐 아니라 자신들의 교회에 불찬성하는 사람들에게도 똑같이 주어진 모든 사람의 자연권이라는 것을 가르치게 되며, 어느 누구도 종교 문제에 관해서 법이나 폭력으로 억지로 강요받아서는 안 된다는 것을 가르치게 된다.[135]

관용의 의무는 또한 교회들 서로 간에 지켜야 할 의무를 부과하고 있다. 그것은 종교 문제에서는 근본적으로 무력의 사용을 포기할 것을 요구하고 있다. 무력이란 것은 앞에서도 살펴보았듯이 오로지 통치자만 사용할 수 있으며 그것도 시민의 이익을 보호하는 데만 쓸 수 있기 때문이다. 그러나 관용의 의무는 교회에게 무력의 사용을 삼가는 것 이상을 요구한다. 즉, "교회들은 서로 더 우월하다든지, 서로에게 지배권을 가지려 한다든지 하지 말고 평화와 동등권과 우정을 상호 간에 지켜야 한다."[136] 즉, 교회들은 서로 간에 폭력을 사용하지 말아야

---

135) L1, 47-48쪽.

하는 것 외에도 이중적인 의무가 있다. 첫째는 서로에게 우정과 선의로써 행동할 것과, 둘째로 서로에 대해서 지배하려거나 우월성을 과시하려 하지 말아야 할 것이다.

그런데 교회도 다른 사회처럼 그것의 결합을 계속 유지하기 위해서는 그 사회를 통제할 그 나름의 어떤 법들이 필요한 것이다. "교회란 그 구성원들에 의해서 형성된 완전히 자유롭고도 자발적인 사회이기 때문에 그 자신의 법을 만들 권리가 바로 그 사회 자체에 있거나 적어도 그 사회의 공동의 동의에 의해서 권한을 부여받은 사람들에게 있는 것이다."137) 교회의 구성원들에 의해서 만들어진 교회법은 교회의 기본 조건이 되며 그 사회를 묶어줄 끈이 되는데, 만일 구성원들이 아무런 비난도 받지 않으면서 이런 법들을 어기게 되면 그 사회는 즉시 무너져버릴 것이기 때문에 교회는 이런 규정들을 지키기를 거부하는 사람들을 파문할 권리를 가질 수밖에 없는 것이다 : "교회가 그 조직의 법을 어기는 구성원들을 파문하는 것은 자발적인 사회의 기본적이고도 불변의 권리인 것이다."138) "교회법을 계속해서 어기는 사람에게 여러 번 충고를 주었음에도 전혀 변화가 없다면 교회가 그런 사람을 계속 품어야 할 관용의 의무가 있는 것은 아니다."139)

---

136) L1, 18쪽.
137) L1, 13-14쪽.
138) L1, 18쪽.
139) L1, 16쪽.

그러므로 관용의 의무는 교회가 자치적 사회로서 교인들을 위한 자체의 규준을 정하고 이러한 규준을 지키지 않는 교인을 파문할 수 있는 권리를 폐지하지 않는다. 그럼에도 불구하고 그 권리를 행사하는 데 몇 가지 방법으로 조건을 규정하고 있다 :

그러한 모든 경우에도 다음과 같은 배려가 취해져야 한다. 파문의 선고와 실행을 하는 데에서도 파문당하는 사람이 신체나 재산의 손상을 입을 수 있는 거친 말이나 행동을 취해서는 안 된다. 왜냐하면 자주 언급해왔듯이 모든 무력은 통치자에게만 속한 것이고 어떠한 개인도 부당한 폭력에 대한 자기 방어를 할 경우를 제외하고는 어느 때도 폭력을 사용할 수가 없는 것이기 때문이다. 교회의 파문이란 파문당하는 사람에게서 그가 시민으로서 전에 소유했던 어떤 재산도 뺏거나 또 뺏을 수도 없는 것이다. 파문이 가지고 있는 힘이란 전적으로 다음과 같은 것일 뿐이다. 즉, 그 사회로부터 몸과 그 지체와 같은 결합의 관계가 해체되어버리는 것이며 그 관계가 끊어짐으로써 그 사회가 구성원에게 준 시민적인 권리가 아닌 어떤 특정한 권리에의 참여가 이제는 끝나버릴 뿐이다.[140]

즉, 파문이란 시민적인 권리에 어떤 손상을 가하는 것과는 전혀 상관이 없을 뿐 아니라 심지어는 거친 말의 사용도 따라서는 안 되는 것이다.

---

140) L1, 16-17쪽.

그런데 교회가 따라야 할 이와 같은 의무는 개인의 경우에 도 그대로 적용된다 :

어떠한 개인도 어떤 사람이 다른 교회에 소속되어 있다고 해서 그가 시민으로서 누리는 것들을 어떤 방식으로든지 손상할 권리 는 없는 것이다. 사람으로서 혹은 주민으로서 가지고 있는 모든 권리와 특권은 신성불가침한 것이다. 그가 기독교도든 이교도든 어떠한 폭력도 손상도 그에게 가할 수 없는 것이다.[141]

로크의 관용이 시행되는 정부에서 개인이 지켜야 할 의무 역시 다른 종교를 가진 사람들의 시민적 권리를 침해하지 않 는 것으로 끝나는 것은 아니다. 그는 다음과 같이 주장한다 :

우리는 겨우 정의를 지키는 정도의 협소한 조치를 취하는 것으 로 만족해서는 안 된다. 즉, 자비와 활수함 그리고 관대함이 거기 에 보태져야 한다. 이것은 복음이 우리에게 명령하는 것이요, 우 리의 이성이 명하는 바요, 우리가 태어날 때부터 갖고 있는 천부 의 우정이 우리에게 요구하는 것이다.[142]

교회와 사인(私人)으로서의 개인들의 책임을 자세히 언급한 다음에 로크는 "그들이 갖는 어떤 교회적인 특성과 직책에 의 해서 나머지 사람들과 구별되는, 즉 주교·사제·장로·목사,

---

141) L1, 17쪽.
142) L1, 17쪽.

그 밖의 위엄을 가지거나 구별되는 사람들이 가져야 되는 관용의 의무"143)에 관심을 돌린다. 그는 교회와 사인으로서의 개인에게 적용되는 의무는 또한 성직자들에게도 적용된다고 주장한다. 그러나 교회의 성직자들에게는 폭력과 강탈 그리고 모든 방법의 박해를 금하는 것으로서는 충분하지 못하다. 성직자들은 이뿐 아니라 불관용과 싸우는 그들의 교인들에게 관용의 원리와 그 원리에 수반하는 의무를 교육해야 할 적극적인 의무가 있다. 로크는 다음과 같이 쓰고 있다 :

　　가르치는 직책을 떠맡고 있는 성직자들은 모든 사람들에게 이들이 정통적 입장에 서 있든 아니든, 신앙과 예배의 방식이 같든 같지 않든 평화와 선의의 의무를 충고해야 한다. 그리고 또한 성직자들은 모든 사람들에게 그가 사적(私的)인 개인이든지 혹은 통치자든지 자기 교회에 소속되었을 경우에 그들 모두에게 자비와 온유와 관용을 열심히 가르쳐야 한다. 그리고 자기 자신의 교파에 대한 불같은 열정 혹은 다른 교파에 대한 술책 때문에 자기와 다른 교파의 사람들에 대해서 갖게 되는 모든 비합리적인 열정과 혐오심을 완화시키고 가라앉히는 일에 정성을 다해야 한다. 만일 모든 강단에서 평화와 관용의 가르침이 울려퍼지면 교회나 국가에 큰 행복의 열매가 열릴 것은 말할 필요가 없을 것이다.144)

　다음으로 논의되는 주제는 관용의 시행에서 통치자의 의무

---

143) L1, 20-21쪽.
144) L1, 21-22쪽.

에 관한 것인데 로크는 이것을 매우 중요시한다. 왜냐하면 관용의 의무에서 통치자의 입장은 교회나 성직자 그리고 개인들의 입장과 통치자의 입장은 다르기 때문이다. 통치자를 제외한 개인과 성직자, 교회는 다른 사람으로부터 혹은 정부로부터 관용의 수혜를 받으면서 동시에 서로에게 관용을 베푸는 입장인데 비하여 통치자는 관용의 권리를 주장하는 입장이 아니라 시민들, 즉 각 개인들과 교회에 대해서 관용을 베푸는 자리에만 있는 것이다. 그것이 그의 의무다. 그런데 그 관용을 무한정으로 허용할 수 없다는 데 문제가 있다. 어디까지 관용을 허용해야 하는 기준을 정하기가 그렇게 간단하지 않다는 것이다. 교회를 포함해서 시민의 입장에서는 관용을 누리기 위한 전제로서 로크가 제시한 분명하면서도 단순하고 직접적인 책임을 수행하기만 하면 된다. 그러나 로크의 관용이 시행되는 정부에서는 통치자의 관용의 의무란 관용을 시행하기 전에 먼저 관용의 합법적인 한계를 정하는 일을 필연적으로 포함하는 것이다. 이 합리적 기준을 정하는 일은 어렵고도 복잡한 일이기도 한 것이다.

관용의 시행에서 통치자의 책무를 이해하기 위해서는 국가와 교회의 각각의 목적과 목표를 다시 상기해볼 필요가 있다. 이미 살펴보았듯이 "시민사회란 모든 사람이 소유하고 있는 이승의 것들을 보호하기 위한 목적 외에 다름 아니다."145) 한편, 교회란 "그 구성원들이 신이 받아들일 것이며 영혼의 구원

145) L1, 43쪽.

에 적절하다고 나름대로 판단하는 방식으로 신에게 공적으로 예배드리기 위한 목적으로 모인 자발적 사회다."146) 교회와 시민사회의 목표와 목적은 전혀 별개의 것이며 따라서 각각의 역할과 기능도 전혀 다르다. 따라서 시민사회의 통치자는 종교문제에 대해서 간섭할 필요도 없으며 그럴 권리도 없는 것이다. 이러한 목표·목적·역할·기능의 완전한 분리로부터 종교적 관용은 가능하게 되었던 것이다. 교회의 목표인 영혼의 구원은 시민사회의 관할 영역에서 완전히 벗어나와 있는 것이다. 따라서 통치자에게는 필연적으로 종교적 관용이 가장 기본적인 의무가 되는 것이다. "통치자가 개인적으로는 어느 한 교회를 선택하겠지만, 교회가 모임을 갖는 것은 모든 사람이 합법적으로 자기 영혼의 구원을 돌보기 위해서 하는 일이므로 그는 다양한 여러 교회를 관용해야 할 의무가 있는 것이다."147) 그런데 이와 같이 교회와 국가의 목적이 완전히 구별되고 전혀 다른 것이긴 하지만 적어도 양측 모두에게 다 상관되어서는 중복되는 부분이 있기 때문에 관용의 합법적인 한계를 정하는 문제가 생긴다. 즉, 인간의 행위와 도덕적 신념은 영혼의 구원에 영향을 줄뿐 아니라 공화국의 복지에도 영향을 미치는 것이기 때문이다.

선한 생활이란 종교와 진정한 경건과도 관련이 있지만 또한 시

---

146) L1, 13쪽.
147) L1, 29쪽.

민 정부와도 관련이 있다. 인간의 영혼과 복지 국가의 안전은 둘 다 선한 삶 위에 놓여 있는 것이다. 따라서 도덕적 행동은 외적인 법정과 내적인 법정의 두 관할 영역에 속하는 것이다. 시민 통치자의 관할 영역과 내적인 통치자, 즉 양심의 관할 영역 둘 모두에게 속하는 것이다.148)

시민 정부는 전체적으로 모든 국민 그리고 특별히 개개인의 시민적 이익을 안전하게 지킬 책임이 있기 때문에 다른 사람의 권리와 전체로서의 사회 안전에 영향을 미치는 도덕적 실천과 신념은 시민 정부의 합법적 관할 영역이 되는 것이다.

따라서 로크는 국가가 공공의 도덕을 통제하는 역할을 부인하지 않는다. 비록 그는 종교적 관용을 옹호하기는 하지만 "타락한 행동과 방탕한 생활에 대해서까지 관용에 호소하지는 않는다. 그러한 것들을 형벌로서 통제하고 억제하는 것이야말로 통치자의 적절한 업무"149)라고 로크는 말한다. 그는 또한 "인간의 좋지 못한 행실을 바로잡아 평화·근면·진지함 그리고 정직이 차고 넘치게 하며, 자만심·부정의·강탈·사치·알코올 중독·음탕한 일 그리고 모든 방탕한 일과 같은 부도덕한 행위를 막으려고 통치자의 권한을 가지고 인간의 육욕을 억제하는 것은 합법적인 일인 것이다"150)라고 말하고 있다. 이와 같은 도덕적 실천에 해당하는 행위와 실천은 사적인 개인보다

---

148) L1, 41쪽.
149) L3, 416쪽.
150) L3, 468-469쪽.

는 교회에 관련되어 있긴 하지만 동시에 그것이 시민 정부의 권한을 넘어서 있는 것도 아니다.

그렇지만 이와 같이 도덕적 행동과 신념들이 국가와 교회의 관할 영역 모두에게 관련되기 때문에 "여기야말로 커다란 위험이 도사리고 있는 것이다. 왜냐하면 한쪽이 다른 관할 영역을 침범할 수 있으며 따라서 공공의 평화를 지키는 사람들과 영혼의 감독을 책임진 사람들 사이에서 불화가 일어날 수 있기 때문이다."151) 이러한 위험을 피하기 위해 도덕적 행동과 신념에 대한 통치자의 권한 영역이 분명히 이해되어야 하는 것은 필수적인 일이다. 그런데 시민사회의 목적과 목표가 도덕적 행동과 신념에 대해 정부가 통제할 권한을 주긴 하지만 동시에 그 권한을 엄격히 제한하고 있는 것이다. 시민 정부의 목적은 영혼의 구원이 아니라 어디까지나 세속적 선(善)과 사회의 외적인 번영이기 때문이다. 로크는 다음과 같이 이야기한다.

어떤 것이 도덕적 범죄가 된다고 해서 그것이 곧 통치자에 의해 처벌되어야 함을 말하는 것은 아니다. 왜냐하면 통치자의 생각에 어떤 일이 하나님에게 반대되는 것이라고 해서 무조건 칼을 사용하는 것이 그가 할 일은 아니기 때문이다. 탐욕·무자비함·게으름 그리고 그 밖에 이런 종류의 것들은 모든 사람들이 다 도덕적 범죄라고 생각하는 것들이다. 그러나 누구도 이런 것에 대해서 통치자가 형벌을 가해야 한다고는 말하지 않는다. 그 이유란 이러한

---

151) L1, 41쪽.

것들이란 다른 사람의 권리에 손상을 가하지도 않고 사회 공공의
평화를 파괴하는 것도 아니기 때문이다. 심지어는 거짓말하거나
위증하는 것도 이웃이나 나라에 손해를 끼치는 것이 아닐 경우에
는 법으로 처벌하는 곳은 아무 데도 없다.152)

　도덕적 신념과 행동을 통제할 수 있는 권한을 통치자에게
준다고 해서 그것이 그가 가지고 있는 종교적 진리에 대한 개
념을 국민에게 주입하는 것은 물론 자기의 도덕적 우월감을
시행할 수 있게끔 법을 마음대로 이용하라는 면허장을 준 것
은 아니다. 그것은 단지 다른 사람들의 권리에 손상을 입히거
나 사회의 공적 평화를 파괴하는 부도덕한 행위들을 억제하는
데만 사용하도록 제한되어 있는 것이다. 다른 사람들의 권리를
침해하거나 전체로서의 사회의 안전을 위태롭게 하는 도덕적
실천과 믿음으로부터 공화국을 보호하기 위해서 통치자에게
법을 제정할 권리가 주어져 있긴 하지만, 그는 시민 정부의 유
일한 합법적 목표인 시민적 이익을 보호하기 위해서 요구되는
이 제한된 영역의 최소한의 범위를 넘어서까지 법 제정의 영
역을 확장하면서 자기의 권한을 남용하는 일이 절대로 일어나
지 않도록 세심한 주의를 기울여야 한다. 간단히 말해서 "사람
이 어떤 교회에 소속되어 있든 그가 소요를 일으킨다든지, 살
인했다든지, 도둑질을 했다든지, 강도짓을 했다든지, 강간을
했다든지, 남의 명예를 훼손하는 등의 일을 했을 경우에만 그

152) L1, 36-37쪽.

는 처벌을 받아야 하고 억압받아야만 한다. 그러나 어떤 사람의 교리가 평화로운 것이고 그의 태도가 순수하고 흠이 없을 경우 그는 그의 다른 동료 신하들과 똑같은 조건 아래에서 취급받아야 하는 것이다."153)

그런데 국가의 종교에 대한 간섭에 한계가 있어야 한다는 생각은 이미 그의 초기 사상에 드러나 있는데, 보수적인 태도를 지니고 있던 초기 사상에도 나타나 있는 것을 볼 수 있다. 로크는 1660년에 웨스트민스터 시절 옛 친구이자 크라이스트 처치의 학생이 된 백쇼(Edward Bagshaw)의 익명으로 쓴 팸플릿 「종교적 예배에서 중립적인 것들에 관한 질문(The Great Question Concerning Things Indifferent in Religious Worship Briefly Stated)」에 대한 답장으로 쓴 논문에서 종교적 예배 문제에 대한 통치권자(magistrate)의 간섭권에 대한 논쟁에 참여하게 되었다. 로크는 이 문제에 대해서 두 개의 출판되지 않은 논문을 하나는 영어로 다른 하나는 라틴어로 썼다. 이것은 금세기에 와서야 출판을 보게 되었는데, 영어로는 다음과 같은 제목이 붙어 있었다 : 질문 : 시민 통치자는 종교적 예배에서 중립적인 것을 사용하거나 결정지을 수 있는가?(Question : whether the Civil Magistrate may lawfully impose and determine the use of indifferent things in reference to Religious Worship?) 그는 여기에서 논쟁적 어투로 당시에 가장 논쟁이 되는 문제인 보편적 관용에 대해서 반대하는 주장을 편다.154) 크라이스

---

153) L1, 52쪽.

처치의 학생이자 극단적인 비국교도였던 백쇼는 그의 글에서 통치자는 어떠한 종교적인 문제에 대해서도 결코 간섭할 수 없다는 극단적인 분파적 견해를 옹호했다. 다시 말하자면 국가, 즉 시민의 통치권자는 신이 구체적으로 명령한 것뿐 아니라 신의 명령이 구체적으로 나타나 있지 않은 문제, 즉 예배에 필수적이지 않은 문제에 대해서까지도 각자가 자신의 빛에 따라서 행동하게끔 내버려두어야 한다고 주장했다.155) 이에 대해 로크는 하나님에게 예배드릴 때, 필수적인 것과 그 자체로서 하나님에 의해서 결정되고 계시된 일에 대해서 통치자는 간섭할 권력을 갖고 있지 못하지만, 필수적이 아닌 일에 대해서는 그것들이 결정되는 방식이 종교의 존립에 필수적이 아니면서 동시에 사회의 평화와 질서 유지에 영향을 줄 수 있기 때문에 통치자가 간섭할 수 있다고 주장한다.

통치자는 도덕적 신념과 행동을 통제할 수 있되, 다만 그것이 시민적 이익을 해칠 경우라는 단서와 그것의 적용은 신분, 종교 등과 상관없이 누구에게나 적용된다는 기본 원리가 일단 세워지고 나면 관용의 의무에 의해서 교회와 관련되어 생기는 통치자에게 부과되는 나머지 구체적 의무와 이 의무의 영역을 결정지을 수가 있을 것이다. 먼저 "모든 교회에 대해서 고려되어야 할 내용이 특별히 두 가지가 있다. 첫째는 예배의 외적인

---

154) W. von Leyden, *John Locke : Essays on the Law of Nature* (Oxford : Clarendon Press, 1954), 22쪽.
155) 위의 책, 59-60쪽.

형태와 예배 의식이다. 둘째는 교리와 신앙의 신조에 관한 것이다."156) 이 신조들은 다시 두 종류로 나눌 수가 있는데, 사변적 신념(speculative opinion)과 실천적 신념(practical opinion)을 말한다.157) 이제 예배 의식, 사변적 신념들과 실천적 신념들에 각각 관련지어서 통치자의 책임을 검토해보자.

먼저 예배 의식에 관해서 로크는 다음과 같이 주장하고 있다. 통치자는 법에 의하여 어떠한 교회의 어떠한 예식도 그리고 어떠한 의식도 강요할 권한을 가지고 있지 않으며 또한 어떤 교회에 의해서 이미 받아들여지고 승인되고 실천되고 있는 의식과 예식을 금지할 권한도 가지고 있지 않다. 그러나 우리는 다음과 같은 질문을 해볼 수 있다. '교회들이 자신의 예배 형태를 수립할 권리는 무제한적 권리인가?' '교회가 예배 의식에다가 포함하기로 한 것은 전부 합법적인 것이 될 수 있는가?' 이 문제를 구체적으로 다루기 위해서 로크는 예를 들어 묻고 있다. "가령 어떤 교회 의식이 유아를 희생 제물로 들이거나 음란하게 자신들을 더럽히거나 어떤 다른 극악무도한 행위를 하는 것이라면 통치자는 과연 이러한 행위들을 단지 종교적 집회에서 이루어지는 일이라는 이유로 관용해야만 하는가?"158) 로크는 이에 대해서 힘주어 반대한다. 예배 의식에 대해서 통치자의 관용의 의무 영역이 무제한적이 아니라는 것이며 이러한 일에

---

156) L1, 29쪽.
157) L1, 39쪽.
158) L1, 33쪽.

제한을 시행하는 것이야말로 통치자 책임이라는 것이다.

종교적 예배에 관한 한 관용의 한계를 결정하는 데 기본 원칙은 다음과 같이 수립될 수 있다 :

공화국 안에서 합법적인 것은 무엇이든지 교회 안에서도 통치자에 의해서 금지될 수 없는 것이다. 국민들에게 평상시에 사용이 허락된 것은 무엇이든지 어떤 종파의 사람들이 그들의 종교적 목적으로 사용하는 것을 통치자가 금지할 수도 없고 또 해서도 안 된다. 만일 어떤 사람이 합법적으로 빵이나 포도주를 자기 집에 앉아서든 무릎을 꿇고서든 자기 마음대로 먹을 수 있다면, 법은 교회 밖에서처럼 교회 안에서도 비록 빵과 포도주의 사용법이 다르고 그것에 신앙의 신비와 신적 예배 의식의 요소를 부가하더라도 이와 같은 행위를 마음대로 할 수 있는 자유를 빼앗아가서는 안 된다. 그러나 일반 시민 생활에서 사용할 때도 사람들의 복지에 해를 끼치는 것들, 그래서 법으로 금지되어 있는 것들은 교회에서도 그것이 아무리 신성한 예배를 드리기 위한 것일지라도 사용이 허용되어서는 안 된다.159)

통치자는 반드시 종교적 예배의 한 부분으로서 수행된 행동을 취급할 때 그것이 평상시의 생활에서 행해질 때 취급되는 것과 똑같은 방식으로 다루어야 한다. 이 원리는 두 날을 가진 검과 같은 것이다. 그것은 한편으로는 관용을 정당화시켜주면서 동시에 관용의 영역에 경계선을 정하는 일을 한다. 즉, 이

---

159) L1, 34쪽.

원리는 한편으로는 교회 밖에서 합법적인 행동이란 신을 예배할 때도 통치자에 의해 금해질 수 없다고 함으로써 관용을 정당화하는 것이다. 로크는 예를 들어서 묻고 있다 :

> 시장에서 라틴어를 사용하는 것이 허용되어 있는가. 교회에서도 라틴어를 쓰고 싶은 마음이 있는 사람들에게는 그렇게 하도록 허용되어야 한다. 어떤 사람이 자기 집에서 무릎을 꿇거나 서 있거나 앉아 있거나, 어떤 다른 자세를 취하는 것이나, 흰옷을 입거나 검은 옷을 입거나 그리고 짧은 옷을 입거나 긴 옷을 입거나 하는 일들이 합법적인가. 이런 일이 합법적인 것이라면 교회 안에서 빵을 먹거나 포도주를 마시거나 물로 세례 받는 일 같은 것을 불법으로 하면 안 된다. 한마디로 말해서 일상 생활에서 법적으로 자유롭게 보장되어 있는 일은 신에게 예배를 드리는 모든 교회에서도 자유롭게 하도록 내버려두어야 한다.[160]

그러나 다른 한편 일상 생활에서 합법적이 아닌 관습들이 종교적 의식에서 행해진다 해서 그것이 합법적이 되는 것은 아니다. 그러므로 앞에서 예를 든 경우처럼 종교적 예배의 한 부분으로서 유아 희생 제사를 드린다거나 음란한 행위로 자신들을 더럽히거나 어떤 다른 끔찍한 행위를 하는 것은 일상 생활에서도 그리고 어떤 개인의 집에서도 합법적인 것이 아니기 때문에 예배 때도 합법적인 것이 될 수 없는 것이다.[161] 일상

---

160) L1, 51쪽.
161) L1, 33쪽.

생활에서 금지된 행동들은 복지를 위태롭게 하거나 다른 사람들의 권리를 침해함으로써 정부가 보호하도록 되어 있는 시민의 이익을 해치게 하는 바로 그런 행동들인 것이다. 따라서 궁극적으로 관용의 매개 변수를 결정짓는 것은 바로 이러한 시민의 이익인 것이다.

로크는 이 원리를 적용해서 실제 생길 수 있는 한 경우를 예로 든다. 만일 어떤 사람이 송아지 한 마리를 가지고 있을 경우 그가 집에서 그 송아지를 잡아서 그가 적당하다고 생각하는 어느 부분이든 구워먹는 것은 합법적인 일이다. 왜냐하면 그렇게 하는 것이 누구에게도 어떠한 해를 끼치는 것이 아니기 때문이다. 다시 얘기해서 송아지를 죽이거나 굽는 것은 어떤 다른 사람의 시민적 이익에 해를 입히는 것이 아니기 때문에 송아지의 주인은 종교적 모임에서도 그의 송아지를 죽일 수 있는 것이다. 즉, 잔치에 쓰인 것은 희생 제물로도 쓰일 수 있다. 그렇게 하는 것이 신의 마음에 흡족함을 주든 못 주든, 그것을 행하는 것은 행하는 당사자들이 고려할 일인 것이다. 따라서 통치자의 책임은 공화국이 해를 입는가, 그리고 어떤 사람의 생명이나 재산에 해가 가해지는가를 세심히 살피는 일에만 국한될 뿐이다. 개인들이나 교회가 그들이 소유한 가축을 죽이는 이유가 어떠하든지 혹은 그들이 그러한 행위에 부여하는 의미가 어떠하든지 그들은 그렇게 할 권리가 있는 것이다. 왜냐하면 그들의 행위는 어느 누구의 시민적 이익에도 해를 입히지 않으며 공화국을 위태롭게 하는 것도 아니기 때문이다.

그러나 상황이 바뀌어서 가축을 죽이는 것이 실지로 다른 사람들의 시민적 이익에 손해를 입히고 공화국을 위태롭게 하게 된다면, 통치자의 책임은 전혀 달라질 것이다 :

> 만일 심한 질병이 돌아서 많은 가축들이 죽었고 정부가 국가 이익을 위해 소를 증가시킬 계획으로 얼마 동안 모든 가축의 살육을 금지하는 상황이 벌어졌다면, 그러한 경우에 통치자는 모든 국민에게 사용 목적이 어떻든 송아지를 죽이는 것을 금지할 수 있다.162)

따라서 종교적 예배에서 관용은 무제한적이 아니고 제한이 있다는 것이다. 즉, 통치자가 예배의 자유에 대해서 제한을 가하는 것이 객관적이고 합법적인 정치적 목적을 지녔을 때는, 다시 말해서 제한하는 목적이 정부가 증진하도록 되어 있는 시민적 이익을 향상시키는 것이면 합법적인 것이 된다. 예배의 자유에 대해서 통치자는 그것이 시민적 이익을 해치는 경우에만 간섭할 수 있다는 단서를 붙임으로써 로크는 한편으로는 통치자의 강제력 사용의 한계를 좁히면서 다른 한편으로는 종교적 예배의 자유에 대해서 넓은 재량권을 허용한다. 그럼에도 불구하고 예배의 자유와 시민 이익이 충돌할 때는 언제나 후자가 우선권을 갖는다는 사실을 로크는 동시에 주장하고 있다.
다음으로 교회가 주장하는 사변적 신조에 관해서 통치자의 의무를 결정하는 일인데, 이것은 예배에 대한 것보다 상당히

---

162) L1, 34쪽.

단순하다. 로크는 사변적인 (실천적이라는 말과 대조되는 것으로서) 신조는 행동을 요구하기보다는 단지 믿음만을 요구하는, 따라서 단순히 이해의 차원에서 끝나는 교리들이라고 정의를 내린다. 법이 해야 할 일은 신념에 대하여 진리의 기준을 제시하는 것이 아니라 국가의 안전과 안보 그리고 각 개인의 재산과 몸을 보호하는 것이다. 그런데 사변적 신념은 행위에 영향을 끼치지도 않고 시민사회의 목적인 시민 이익을 위태롭게 할 수도 없는 것이기 때문에 통치자는 그 사변적인 신념이 아무리 거짓되고 터무니없는 것이라 해도 그것에 대해서는 무조건 관용을 베풀 의무가 있는 것이다. 따라서 사변적인 신념에 대해서는 관용의 영역의 한계가 제한되어 있지 않다. 즉, 그것은 본성상 국가가 강제력을 사용하는 목적과는 전혀 관련이 없는 것이다 :

　　통치자는 교회에서 사변적인 신념을 설교하거나 신앙 고백하는 것을 금해서는 안 된다. 왜냐하면 그것은 국민들의 시민적 권리와는 아무런 상관이 없기 때문이다. 로마 가톨릭교도가 다른 사람이 빵이라고 하는 것을 그리스도의 진짜 몸이라고 믿는다고 해서 그것으로 이웃에게 해를 끼치지 않는다. 만일 유태인이 신약 성서는 하나님의 말씀이라고 믿지 않는다고 해도 그것으로 인해 그가 다른 시민의 권리에 변화를 주는 것은 아니다. 만약 이교도가 구약성서와 신약성서 둘 다 의심한다고 해서 우리는 그들을 남에게 해를 끼치는 시민이라고 처벌하지 않는다. 어느 사람이 이러한 신념들을 믿든 안 믿든 통치자의 권한과 사람들의 재산은 여전히 안전하다.163)

그러나 세 번째 경우인 실천적인 신조는 사변적인 신조와는 전혀 다른 문제다. 이러한 교리들은 사람의 의지와 습관에 영향을 주는 것이기 때문에 그것들은 다른 사람들의 권리에 해를 끼칠 수 있거나 국가의 안전과 안보에 위협을 줄 수 있는 행동들을 초래할 수도 있다. 따라서 그와 같은 교리들에 대해서는 통치자의 관용의 의무가 적용되는 영역이 사변적인 교리들의 경우보다는 좁다. 로크는 통치자에 의해 관용될 수 없는 실천적 신념을 네 종류로 밝힌다. 우선 인간 사회에 대해서 모순인 신념이나 시민사회의 보존에 필수적인 도덕적 규칙에 모순인 신념들은 관용의 대상이 될 수 없다. 그러나,

사회의 기초를 무너뜨리고 따라서 모든 인류로부터 비난을 받을 정도의 것을 종교 교리로 가르칠 정도로 정신 나간 교회를 만나기란 실제에서 좀처럼 드문 일이다. 왜냐하면 그렇게 되면 그 교회 자체의 이익과 평화, 명성 그리고 그 밖의 모든 것이 위태롭게 될 것이기 때문이다.164)

둘째로 공동체의 시민적인 권리와 일치되지 않는 어떤 특권을 자기 교파가 가지고 있다고 사칭하는 교리를 고백하는 사람들과 혹은 관용의 의무를 부정하고 이 의무가 그들에게 부과하는 책임을 완수하기를 거절하는 사람들은 관용의 대상이

---

163) L1, 39-40쪽.
164) L1, 45쪽.

될 수 없다. 로크는 다음과 쓰고 있다:

시민적 이익과 관련된 일에서 어떤 특권이나 다른 사람을 지배
할 권력이 신앙적인 사람들, 종교적인 사람들, 정통적인 사람들에
게, 솔직한 말로 하면 자신들에게 속한다고 주장하는 사람들 혹은
자기네 교파에 소속되지 않은 사람들에 대해서 어떤 식으로든지
종교의 명분으로 권위를 주장하는 사람들, 말하건대 이들은 통치
자에게서 관용을 받을 권리가 전혀 없다. 또한 종교 문제에서, 모
든 사람들에게 관용을 베풀 것을 고백하고 가르칠 것을 거부하는
사람들에 대해서도 통치자는 관용을 허용할 필요가 없다. 왜냐하
면 이러한 교리들이 결국 의미하는 것이란 기회만 되면 정권을 잡
아 자기들 동료의 재산을 차지하는 것이고, 그들은 또한 자기들이
그러한 일을 성취할 때까지만 통치자로부터의 관용을 요구할 뿐
이기 때문이다.[165]

그러나 만약 그러한 신념이 솔직하게 그대로 표현된다면 다
른 사람들로부터 염려와 적개심을 불러일으킬 것이기 때문에
그런 교리들은 좀처럼 공개적으로 표현되지 않는다. 그럼에도
불구하고 그런 신념은 남을 속이는 말로서 그럴 듯한 치장을
하고 나타난다. 예를 들면 '이단자들에게는 신앙이라는 것이
지켜질 수 없다'라고 가르치는 사람들은 사실상 신앙을 판단하
는 특권을 자신들이 가지고 있다고 주장하는 것이다. 왜냐하면
그들은 자기의 교파에 속하지 않은 사람들은 모두가 다 이단

---

165) L1, 45-46쪽.

자라고 선언하기 때문이다. 마찬가지로 '파문당한 왕들은 그들의 왕관과 왕국을 몰수당해야 한다'고 주장하는 사람들은 파문할 권한을 그들의 성직 제도가 가지고 있는 특별한 권리라고 믿기 때문에 사실상 왕을 폐위할 권리를 자기들이 가지고 있다고 사칭하는 것이다. 이와 비슷하게 '통치권은 은총 가운데 세워져 있다'는 신념은 사실상 모든 것을 소유할 권리를 가지고 있다고 주장하는 것이다.166)

셋째로 교인들의 궁극적 충성을 외국의 왕에게 돌려야 한다는 취지가 담겨 있는 교리를 고백하는 교회에 관용이 주어질 수 없다. 통치자에게 그와 같은 교회에게 관용을 허용하라고 강요하는 것은 자기 자신의 나라에 외국의 통치권의 수립을 허용하도록 강요하는 것이 되고, 말하자면 자신의 국민이 자신의 정부에 대항해서 싸우도록 징병을 당하는 것을 허용하는 것이기 때문에 사실상 그 교회에 속한 모든 사람들이 다른 나라 왕의 보호와 봉사에 자신들을 떠맡기게 되는 그런 교회에게는 통치자의 관용의 혜택이 주어질 수가 없는 것이다. 로크는 계속해서 다음과 같이 이야기한다. 교회와 국가의 잘못된 구별의 예로서 로크는 다음의 한 마호메트 교도를 들고 있다. 그는 자신은 단지 종교에서는 마호메트 교도이기 때문에 콘스탄티노플의 최고 회교 지도자에게 절대적 순종을 해야 한다고 인정하지만, 동시에 다른 한편으로는 자기의 정치적 충성은 기독교도인 통치자에게 바친다고 공언하는 사람이다. 그런데 만

---

166) L1, 46쪽.

일 그가 절대적으로 순종하는 이 회교 지도자 자신이 오토만 제국의 제왕에게 전적으로 복종하고 그 제왕의 비위에 맞춰서 그 종교의 유명한 신탁을 형성한다면,[167] 결국 그 회교도가 기독교도인 통치자에게 정치적 복종을 한다는 주장은 실제상 아무런 의미가 없음은 명백한 일이다.

마지막으로 로크는 통치자의 관용의 의무는 무신론자에게 는 해당되지 않는다고 힘주어 말한다 :

하나님의 존재를 부정하는 사람들은 전혀 관용을 받을 수 없다. 인간 사회의 결속을 가능케 해주는 약속들과 계약들 그리고 맹세 같은 것들은 무신론자들에게는 아무런 영향을 끼치지 못한다. 인간들의 생각에서조차도 하나님을 제거하면 모든 것은 해체되어버린다.[168]

이 무신론자에 대한 불관용은 자유로운 개인들의 동의에 의해서 자발적인 사회를 구성한다는 사회계약설에 대한 신념의 결과라고 볼 수 있다. 즉, 무신론자들은 하나님을 믿지 않음으로써 자연법의 장본인을 믿지 않게 되는 것이며, 이러한 불신은 계약 사회를 묶어주는 약속과 계약을 지켜야 한다는 인간 의무의 기초를 위태롭게 하는 것이다. 따라서 무신론은 잠재적 무정부주의를 의미하므로 시민사회에서는 용납할 수가 없다.

---

167) L1, 47쪽.
168) L1, 47쪽.

이와 같은 네 가지 신념을 지지하는 사람들은 관용을 받을 권리가 없다고 로크는 결론을 내린다. 그러나 "다른 실천적 신념들은 그것들이 모든 오류로부터 절대적으로 자유로울 수는 없지만 다른 사람들에 대해서 지배권을 형성하려고 하지 않거나 그러한 신념들을 가르치는 교회는 시민적 형벌로부터 벗어나 있다고 생각하지 않는 한, 관용을 받지 못할 이유는 없는 것이다."[169]

---

169) L1, 47쪽.

□ 옮긴이 | 최유신 ─────────────────────────

중앙대 철학과를 졸업하고 같은 대학원에서 석사와 박사 학위를 받은 뒤, 미국 인디
애나대 철학과에서 두 번에 걸쳐 방문교수로 연구 과정을 거쳐 지금은 선문대에서
재직 중이다. 주요 논문으로는 「존 로크의 관용론 연구」, 「존 롤즈의 정의론 연구」,
「관계의 측면에서 본 관용과 사랑」, 「K. Barth의 인간학 연구」, 「로크의 자연권과
그것에 상응하는 의무에 관하여」, "Plato's Moral Politics from the Viewpoints of
'United Constitution with Dual Purposes'", 「로티의 관용에서 가다머의 관용으로」
등이 있으며, 역서로는 『동양고전철학입문』, 『전쟁과 평화의 윤리』가 있고, 저서로는
『윤리란 무엇인가』, 『철학이란 무엇인가』가 있다.

관용에 관한 편지
....

초판 1쇄 인쇄 / 2009년 5월 10일
초판 1쇄 발행 / 2009년 5월 15일

■

지은이 / 존 로크
옮긴이 / 최유신
펴낸이 / 전춘호
펴낸곳 / 철학과현실사
서울특별시 종로구 동숭동 1-45
전화 02-579-5908~9

등록일자 / 1987년 12월 15일(등록번호 제1-583호)

■

ISBN 978-89-7775-693-9 03190